「認められたい」の正体

承認不安の正体

山竹伸二

講談社現代新書

2094

目次

第1章　「認められたい」の暴走

家族の「空虚な承認ゲーム」

現代は承認への不安に満ちた時代である。自分の考えに自信がなく、絶えず誰かに認められていなければ不安で仕方がない。ほんの少し批判されただけでも、自分の全存在が否定されたかのように絶望してしまう、そんな人間があふれている。

黒沢清の映画『トウキョウソナタ』（二〇〇八年）には、こうした承認への不安による歪んだ態度が、家族という最も身近な人間関係のなかに集約されて描かれている。

主人公の佐々木竜平は、会社の総務課長として家族の生計を支え、それによって父親としての権威を維持している、ごく平凡な人間である。強圧的というほどではないが、子どものやりたいことには即座に反対し、ろくに理由を聞こうともしない。しかし、実は会社からリストラされ、そのことを家族に告白できないまま、毎日スーツ姿で出勤するふりをし、ハローワークに通い続けている。就活先の面接では、「あなたは会社に対して何を貢献していただけるのですか？」というシビアな質問に、返す言葉が何もなく、屈辱の日々を送っている。

竜平の自尊心を支えているのは、家族から権威ある父親として認められている、という一点にすぎない。もちろん、こうした家族の承認が自らの嘘によって維持されている以上、その自尊心が虚栄に満ちたものであることは、彼自身もわかっている。しかしかたちだけでも父親として認められることで、自分には存在価値がないのではないか、という疑念から眼を逸《そ》らしている。

一方、妻と子どもも本気で彼の権威を認めているわけではない。妻の恵は竜平が失業したことを知っていながら黙っているし、長男の貴も薄々気づいている。それにもかかわらず、彼らは何も知らないかのようにふるまい、父親の威厳を尊重し続ける。次男の健二にしても、父親を尊敬しているわけでもないのに、決して表面的には逆らおうとはしない。彼らは家庭内にある暗黙のルールに従い、家族の微妙なバランスを崩さないように気を遣っている。

一般的に家族は、「ありのままの自分」を受け入れ、認めてくれるような安らぎの場所が理想とされている。ただ存在するだけで無条件によろこばれ、本音を出し合える関係性。そこでは「偽りの自分」を作る必要性はまったくない。それが大多数の人間に共有された理想的な家族のイメージであろう。

しかし現在、多くの人が家族に対して本音を隠し、「ありのままの自分」を過度に抑制し、家族の求める役割を演じ続けている。そうしなければ、家族というシステムを維持することができず、相互に承認しあっている微妙な関係が壊れ、自らの居場所を失ってしまうからだ。しかもこうした不安から家族の承認が維持されている限り、そこには特に「認められている」というよろこびは生じない。

実のところ、このような偽りに満ちたコミュニケーションは、現代社会では家族以外の人間関係においても頻繁におこなわれている。

たとえば、仲間の承認を得るために自分の本音（ありのままの自分）を抑え、仲間の言動に同調した態度をとり続ける若者は少なくない。仲間の間で成立するコミュニケーションにおいて、リーダー格の人間の気分次第で変化する暗黙のルールを敏感に察知し、場の空気を読み取りつつ、絶えず仲間が自分に求めている言動を外さないように気を遣っている。

このようなコミュニケーションは「仲間であることを確認（承認）しあうゲーム」とも言い得るが、しかしその証は明確な役割や目的によるものではなく、空虚なものでしかない。価値のある行為によって認められるわけでも、愛情や共感によって認め合うわけでもない。それは場の空気に左右される中身のない承認であり、以下、このような承認をめぐるコミュニケーションのことを、「空虚な承認ゲーム」と呼ぶことにしよう。

家族や仲間関係において、相手の愛や信頼に疑いを抱くとき、自分は受け入れられているのかどうか、認められているのかどうか、強い不安に襲われるようになる。そのため、自分の考えや感情を過度に抑制し、本当の自分を偽って家族や仲間に同調し、無理やりに承認を維持しようとする。それはただちに「空虚な承認ゲーム」となり、必ず自己不全感がつきまとう。そして少しでもコミュニケーションに齟齬《そご》が生じ、その関係が行き詰まれば、自己否定的感情に襲われ、絶望的な気持ちになるのである。

では、一体そのような状況を脱する道はあるのだろうか？

『トウキョウソナタ』では、家族の全員が「空虚な承認ゲーム」の閉塞感に耐え切れず、家を飛び出してしまう。妻の恵は強盗と逃避行し、長男の貴は世界平和のためにアメリカの軍隊に志願し、次男の健二も家族には内緒でピアノ教室に通い、音楽の世界に足を踏み入れる。しかし、ピアノの才能を認められた健二を除いて、誰も家族以外に承認を得る場所を見つけることができず、最後は、「ありのままの自分」を相互に受け入れ、認め合いはじめたかに見えるシーンで映画は終わっている。

だが、現実はそれほど簡単ではないだろう。「ありのままの自分」を開示しあったとき、本当にお互いを受け入れあう関係性が築かれる、という保証はどこにもない。

「認められたい」若者たち

「空虚な承認ゲーム」が最も目立ったかたちで見られるのは、思春期における学校の仲間関係であろう。かつてこの関係は、親に認められなくとも、「ありのままの自分」を受け入れてくれる安息の場所であった。価値観を共有できる仲間たちと相互に承認しあうこと、それは親の承認という呪縛から逃れる上で、とても大きな意味を持っていた。しかし、いまや思春期における多くの仲間関係は、本音をさらけ出せる場所ではなく、「ありのままの自分」を抑制せざるを得ない閉塞感が漂っている。

そもそも思春期の生活のほとんどは家庭と学校の往復であり、交友関係も同級生やサークルの仲間に限られている。このような小さな人間関係のなかで、彼らは生活の大半を過ごす場所を守るために、仲間と接している間は絶えず場の空気を読み、仲間の気に障《さわ》りそうな言動は極力避けている。相手の反応を少しでも読み間違えれば、仲間との関係は容易に破綻し、仲間はずれになり、「友だち」という立場を失ってしまうからだ。そのため、仲間との間に感じ方や考え方のズレが生じても、本音を表には出せなくなっている。

少数の仲間とうまくいかなくなっても、他の友だちを見つければよい、別の仲間に入ればよい、そう思うかもしれない。しかし、社会学者の土井隆義によれば、現在の学校におけるクラス内での仲間集団には一定の階層（身分制度）があり、誰もが自分の属するグループの仲間以外は、友だちの対象とは見ていない。これは一般に「スクール・カースト」と呼ばれている。

彼らは、「格が違う」とか「身分が違う」などと形容して、グループ相互の上下関係に過剰なほど気をつかいあっています。そして、格や身分が違う人たちのグループとは、それが下である場合だけでなく、上である場合でも、なるべく交友関係を避けようとします。いわゆるスクール・カーストです。(『キャラ化する/される子どもたち』岩波書店、二〇〇九年)

この問題について、臨床心理士の岩宮恵子は次のような興味深い事例を報告している。カウンセリングを受けに来たある中学二年の女子Hは、クラスのなかで一番上のグループとされる、おしゃれで洋服や髪型に気を遣う派手なグループに属していたが、仲間はずれにされたことをきっかけに、教室に入りにくくなり、保健室で過ごすようになった。他のグループにはHを受け入れようとする生徒たちもいるのだが、彼女たちは位の低い地味なグループであるため、Hは絶対にいやだと言う。その子たちが話しかけてきても、「話しかけんな!」と拒絶してしまうほどだ。一方、自分を排除した仲間たちに対しては、ご機嫌をうかがうような、卑屈な態度を続けており、無視されたり、冷たくあしらわれても、元のグループに戻りたいと切望している。

岩宮恵子によれば、これはHに限らず、多くの思春期の女の子に共通する傾向であり、「彼女たちは、自分が属しているグループの数人の人たちには、信じられないくらいの労力を使って関係を維持することに汲々《きゅうきゅう》としているのに、自分が重要と思わない人に対しては、ほんとうに無神経な言葉で傷つけることがある」(『フツーの子の思春期』岩波書店、二〇〇九年)。

おそらくHの苦悩の根幹には、自己の存在価値が下落することへの恐怖がある。孤独だけが問題なら、別のグループの人間に優しくされれば、その苦しみはかなり癒されるはずだが、彼女にはまったくその様子が見られない。むしろ、身分が低いグループと付き合えば自分の存在価値が落ちる、それだけは避けたい、という激しい抵抗感がある。そのためどんなに苦しくても、自分の属する仲間との間で「空虚な承認ゲーム」を繰り返してしまうのだ。

「見知らぬ他者」の排除

中学生ぐらいの年齢ではまだ交友関係も狭いため、家族や友人関係など、身近な人々の承認に固執してしまうのも無理はないし、それは昔もいまもさほど変わらないだろう。しかし、スクール・カーストのような現象には、身近な人々のなかにさえ線引きをし、あえて交友関係を広げまいとする心理が垣間見える。線引きをした外側の人間は、たとえ同じクラスにいても「見知らぬ他者」と同じであり、自分を認めてほしい相手ではないのである。

これは思春期独自の問題というより、若い世代を中心に広く見られる傾向でもある。多くの人は思春期を終えて大学生や社会人になっても、身近な人々の直接的な承認にこだわる点では変わりなく、承認の対象を見知らぬ他者へ広げようという姿勢があまり見られない。

ここ数年、進学や就職の際に都会へ出て、新しい世界や人間に出会いたい、というような、かつて多く見られた若者が減少しつつあるのも、こうした心理を反映している。マーケティング・アナリストの三浦展《あつし》によれば、生まれ育った地域（地元）を離れず、地元で進学や就職をし、大人になっても小学校や中学校の頃からの仲間と付き合い続ける、そういう地元志向の若者が増えているという（『ニッポン若者論』ちくま文庫、二〇一〇年）。なにしろ都会に行かなくとも、華やかな消費生活を享受できるし、携帯によって、古くからの仲間ともつながり続けることができるのだ。

だがこれは、身近な人間関係だけを重視し、見知らぬ人々との出会いにはあまり期待もしていない、ということでもある。社会学者の宮台真司が、「仲間以外はみな風景」（『まぼろしの郊外』朝日新聞社、一九九七年）と表現しているように、仲間以外の人間には関心がなく、見知らぬ人間はいてもいなくてもどうでもいい、と感じているのである。

家族や仲間の承認のみを求め、それ以外の人々の承認を求めないのは、多くの人間の賞賛を求める野心とは無縁な、ある意味で堅実な生き方のように思えるかもしれない。理解してくれる人が少しでもいればそれでいい、という思いも十分に理解できる。しかし、見知らぬ大勢の人々の承認など不要だとしても、自らの行為に価値があるのかないのか、正しいのか間違っているのかについて、身近な人間から承認されるか否かのみで判断し、それ以外の人々の判断を考慮しないとしたら、それはとても危険な考え方である。

たとえば、自分の会社の内部で不祥事が起き、大勢の人々に知らせなければ危険がある場合でも、社内で上司や同僚からの承認を維持するために、会社の隠蔽工作に荷担してしまうかもしれない。あるいは、あまり素行のよくないグループに関わり、仲間の承認を得るために万引きをしてしまう人もいる。この場合、もし見知らぬ大勢の人々の考えや承認を考慮するなら、そのような行為に及ぶことはできないはずだ。

このように、見知らぬ他者の承認を無視することは、たとえ身近な他者の承認だけで十分だという謙虚な気持ちに発するとしても、結果的に見知らぬ他者を排除することになりかねない。

また、積極的にこうした排除に荷担することで、自分の存在価値をより一層高めようとする場合もある。仲間と一緒に他の人々の欠点をあげつらい、蔑視することで、自分たちだけは特別だ、というような一段高い位置に身を置くことができるからだ。先に例を挙げた女子中学生Hの地味なグループへの蔑視も、こうした心理から生じている。それは、自分とは無関係に思える人々を蔑《さげす》むことで、自らの存在価値の底上げを図ろうとする行為にほかならない。

求められているのは「自分は価値のある人間だ」という証であり、その確証を得て安心したいがために、身近な人々の承認を絶えず気にかけ、身近でない人々の価値を貶《おとし》めようとする。見知らぬ他者を排除することで、自らの存在価値を保持しようとする。たとえそれが悪いことだと薄々気づいていても、仲間から自分が排除されることへの不安があるため、それは容易にはやめられない。そして底なしの「空虚な承認ゲーム」にはまってしまうのだ。

無差別殺傷事件における心の闇

見知らぬ他者の排除、ということですぐに思い浮かぶのは、二〇〇八年六月八日、東京・秋葉原において日本中を震撼させた無差別殺傷事件である。歩行者天国に小型トラックで突入した加藤智大被告は、五人の通行人をはねた後、トラックから降りて十二人の通行人をナイフで次々と襲い、死者七人、負傷者十人という惨事を引き起こした。

この事件については、当初、経済格差の拡大に原因を求める意見が大勢を占めていたが、後に「承認」の欠如に原因があるのではないか、という意見が増えている。たとえば、親しい友人や恋人もいなかった加藤被告は、ネット掲示板にモテないことへの恨みがましい言葉を書き綴っているが、この点について社会学者の大澤真幸《まさち》は、「モテるということが、承認の究極の姿になっている」（大澤真幸編『アキハバラ発』岩波書店、二〇〇八年）と述べ、事件の原因が承認の枯渇にあったと主張している。

なるほど、加藤被告のネット掲示板における発言を読む限り、自分の存在を認めてほしい、という欲望が深く関わっているように思える。それは、誰か一人でも自分の存在に気づき、受け入れてほしい、この孤独感と社会へのいらだちを理解してほしい、という叫びのようでもある。しかし彼の膨大な書き込みに対して、その反応はあまりに乏しく、数少ない反応は荒らし行為による中傷の言葉であった。これによって彼は「存在を殺されてしまった」と感じ、この不幸な事件は起きたのだ。

しかし、自分の存在が認められなかったことへの怨恨が原因なら、認めてくれなかった顔見知りの人々に刃《やいば》を向けるのが普通だろう。ネット上で彼を誹謗《ひぼう》中傷した人々がいたとしても、世の中のすべての人間が彼を非難したわけではない。むしろ見知らぬ人々のなかに、自分を認めてくれる人が現われるかもしれない、という可能性さえある。にもかかわらず、加藤被告が見知らぬ人々を無差別に殺傷し得たのは、見知らぬ他者に対する驚くほどの無関心に起因するのではないか。

加藤被告はネット掲示板に、「人と関わりすぎると怨恨で殺すし、孤独だと無差別に殺すし　難しいね」と書いている。彼には怨恨で殺すほど深く関わりあった人間は、思い当たらなかったにちがいない。他者との関わりを断った孤独な人間は、他者の内面を想像したり、共感を抱くことが難しくなってしまう。彼にとって見知らぬ人々は、自分を承認してくれる他者ではないし、承認してほしい対象でもなかった。あえて言えば、この世にいなくても構わない存在だったのである。

これはここ数年に起きた他の無差別殺傷事件にも共通している。岡山駅のホームで見知らぬ人を突き落とした少年は、「刑務所に行けるなら誰でもよかった」と述べている。土浦の連続殺傷事件を起こした金川真大《まさひろ》死刑囚は、「複数殺せば死刑になると思った。誰でもいいから七、八人殺そうと思った」と語っている。八王子で見知らぬ女性二人を死傷させた菅野昭一被告にいたっては、「仕事のことでうまくいかず、親に相談したが、乗ってくれなかった」と、親への怨恨を口にしている。

彼らの言葉の裏には、見知らぬ他者の実存に対する関心の低さ、著しい感度の欠如が窺える。彼らにとって、見知らぬ他者は存在していないに等しく、その内面や家族、生活について想像することはできないし、共感や憐憫《れんびん》も、そして怨恨さえも生じない存在なのだろう。

社会学者の見田宗介は、一九六八年に起きた永山則夫の連続射殺事件と秋葉原の事件を比較し、興味深い分析をしている。永山は世間のまなざしを過剰に気にしていた。そのため、ブランドの腕時計やライター、大学の学生証などを身につけていたが、やがてそうした世間に対する過度の迎合が重荷となり、事件を引き起こした（『まなざしの地獄』河出書房新社、二〇〇八年）。しかし秋葉原の事件では、加藤被告は世間のまなざしに怯《おび》えていたのではなく、誰のまなざしも感じないことに、誰からも相手にされていないことに苛立っていた、というのだ（「朝日新聞」二〇〇八年十二月三十一日）。

加藤被告が世間のまなざしに怯えていたわけではない、というのは事実だろう。だが彼は世間のまなざしを求めていたわけでもないように思える。彼にとって見知らぬ他者は承認の対象ではなく、どうでもいい対象であったからだ。その一方で、身近に感じられていたネット掲示板の人々の言動や視線には過敏な反応を示し、批判されることを極度に怖れていた。彼の犯行は世間（見知らぬ人々）に自分の存在を認めさせるためというより、自分と直接関わったことのある人々に対する存在の誇示だったように見える。

重要なのは、「身近な他者」と「見知らぬ他者」に対する、このあまりにも大きな態度の落差ではないだろうか。

承認への渇望とコミュニケーション能力

秋葉原の事件以降、現代は「認められたい」という欲望が満たされない時代ではないか、といった議論を少なからず耳にするようになった。

たとえば『アキハバラ発』に掲載された、大澤真幸、平野啓一郎、本田由紀の鼎談《ていだん》のタイトルがまさに「〈承認〉を渇望する時代の中で」であった。そのなかで大澤真幸は「承認の枯渇が、この社会の普遍的な状況になっている」と主張し、平野啓一郎は「承認の空間が多様化・分散化していて、しかも閉鎖的になっている」という鋭い指摘をしている。

また、『ロスジェネ別冊2008』誌上の座談会（「いま私たちの〈希望〉はどこにあるのか？」）でも、秋葉原事件には承認や尊厳の問題が深く関わっている、いまの世の中では承認を得にくくなっている、と批評家の東浩紀が述べている。

こうした承認をめぐる議論において、特に眼を引くのが「コミュニケーション能力」を中心とした考え方である。

哲学者の萱野稔人《としひと》によれば、承認を渇望する人々が増えているのは、現代社会がコミュニケーション重視の社会になっているからであり、コミュニケーション能力の不足は就業や出世に影響し、周囲から価値ある存在として承認される可能性が低くなる。その結果、「現在の格差は当事者たちにとって、経済的な困難よりはむしろ承認の不足や自己の不全感として生きられるようになる」(『論争 若者論』文春新書編集部編、文春新書、二〇〇八年)。

実際、コミュニケーション能力に劣る人々は派遣社員やアルバイトなどの非正規雇用に甘んじるしか道がなく、異性関係にも失敗しやすいのは事実であろう。いまの社会ではコミュニケーションが重視されており、コミュニケーション能力が高いほど、就職も仕事も異性関係も比較的うまくいきやすく、承認への欲望を満たせる可能性は高い。「空虚な承認ゲーム」にしても、場の空気を読むこと、相手の意図を瞬時に察知して同調することなど、コミュニケーション能力が重要な意味を持っている。

だが問題なのは、なぜそれほどコミュニケーション能力ばかりが重視され、周囲に認められるためには欠かせないのか、という点にある。

本来、他者の承認をもたらすものは、何もコミュニケーション能力だけではない。たとえば、ふだんは人付き合いの下手な人間でも、困っている人を助ければ、周囲の人々はその行為の価値を認め、賞賛するだろう。また、口下手で気の利いたことが言えなくとも、上手に絵を描いたり、高い運動能力を見せることができれば、そうした行為を高く評価する人間は必ずいる。人は「価値ある行為」によって承認され得る存在であり、私たちはコミュニケーション能力が低くとも承認の希望を持てるのだ。

では、なぜ現代では「承認」の問題が議論される際、コミュニケーション能力ばかりが問題にされるのであろうか。またこうした議論に一定のリアリティがあるとしたら、つまり「価値ある行為」よりもコミュニケーション能力のほうが承認を獲得する上で重要になっているとしたら、それは一体なぜなのだろうか？

普遍的な価値観の崩壊

ある行為が多くの人に「価値あり」と認められるのは、その判断の規準となる価値観を多くの人々が共有しているからだ。もしそうした社会共通の価値観への信頼が崩れ、誰もが疑いを抱くようになったなら、私たちは参照すべき価値判断の規準を見失ってしまい、その結果、「価値ある行為」によって社会から承認を得る道は、かなり限定されたものになってしまう。見知らぬ人々の承認を想定することが難しくなってしまうのだ。その結果、ごく身近に接している人々に気に入られるかどうかだけが、承認を維持する唯一の方法のように見えてくる。

コミュニケーション能力ばかりが承認に関する議論の俎上《そじょう》に上るのは、このように周囲の人々の承認だけが問題化されるからだろう。それは、社会共通の価値観への信頼がゆらぎ、価値観の相対化、多様化が進展していることに起因する。

かつて社会学者のデイヴィッド・リースマンは第二次世界大戦後のアメリカ社会を評し、他者からの信号に絶えず細心の注意を払い、他者の価値観や期待に同調して行動する社会だと主張した。彼はこれを「他人指向型」の社会と呼称し、「ひとが自分をどうみているか、をこんなにも気にした時代はかつてなかった」（『孤独な群衆』一九五〇年、加藤秀俊訳、みすず書房、一九六四年）と述べている。これは、他者の承認を過剰に気にして行動する人々、と言い換えることもできるだろう。

当時のアメリカ社会では、産業の急速な発展によって社会構造が変化し、大都市においてはさまざまな人種・文化と接触する機会が増えていた。消費社会における新たな価値観をはじめ、多様な価値観に直面するなかで、人々は承認の規準を見失いがちになっていた。しかし一方では、サービス業などの第三次産業に従事する中産階級の人々が増大し、彼らにとっては相手が気に入るかどうかという他者の承認が、仕事の上でも重要であった。他者の期待に同調する行動様式が増えていた背景には、おそらくこのような事情があったのだ。

ところで、こうした戦後のアメリカ社会の様相が、現代の日本社会と酷似していることは言うまでもない。というより、社会共通の価値観への信頼が崩れ、相対主義が蔓延《まんえん》している点では、現在の日本のほうが伝統的価値観と決別している面がある。

事実、いま日本の社会においては、「他人指向型」の人間がいたるところで増えている。若い世代を中心に多くの人々が、身近な人間関係において場の空気を読み、気の利いた発言を心がけ、気遣いのある態度を絶やさない。それはつまり、自らの行動の指針を自分が信じる価値観や信念に求めるのではなく、他者の判断に委ねている、ということなのである。

リースマンは「他人指向型」の人間が増えていることを、決して悲観的に見ていたわけではなかった。「他人指向型」の人間は伝統的な価値観に固執せず、異なった価値観をもつさまざまな人間を受け入れ、多様な人間に対応できるだけの柔軟性を備えている、そう考えていたからだ。教育水準の向上やマス・メディアの発達、社会的移動の高まりは、こうした感受性の形成に拍車をかけるはずであった。

しかし、いまの日本人に、はたして「見知らぬ他者」の価値観を受け入れるだけの柔軟性があると言えるだろうか。むしろ多様な価値観を前にして、何が本当に価値があるのかがわからなくなり、この混乱から逃れるために「見知らぬ他者」を意識から排除し、身近な人々の価値観以外には耳を閉ざしている。というより、厳密には何の価値観もさほど信じておらず、身近な人々の言動にのみ留意し、どのように反応すれば嫌われないか、受け入れてもらえるか、ただそれのみを気にしている。

社会共通の価値観が崩れれば、「価値ある行為」によって承認を得る道が見えなくなり、強い承認の不安とニヒリズムが生み出される。その結果、身近な人間の承認を維持するために、かつてないほどコミュニケーションが重要な意味を帯びてきたのである。

形式化された空虚な行動

見田宗介によれば、日本において社会共通の価値観が壊れはじめたのは一九七〇年代以降であり、以後、「虚構の時代」と呼ぶのがふさわしいような新しい時代に突入する。それは「関係の、最も基底の部分自体が、『わざわざするもの』、演技として、虚構として感覚される」(『社会学入門』岩波新書、二〇〇六年)時代である、と見田は言う。たとえば親子や夫婦といった関係も、親として、子として、夫として、妻として、各々が自分の役割を演技として感じている、どこか現実ではない虚構として感覚されている。

東浩紀はこうした「虚構の時代」について、「大きな物語がフェイクとしてしか機能しない時代」(『動物化するポストモダン』講談社現代新書、二〇〇一年)だと指摘している。

「大きな物語」とは宗教やイデオロギーなど、個人が生きる意味を見出すための社会共通の価値観であり、たとえばキリスト教が強い影響力を持つ社会では、神への信仰を示す行為や生き方こそ、その人の生の意味を決定するし、共産主義の国家では、国家に忠誠を示す行為こそが賞賛され、その価値を認められるだろう。

しかし、こうした「大きな物語」が信用を失い、社会共通の価値観がゆらいだとき、私たちは何をすれば社会に認められるのか、そして生きる意味を見出すことができるのか、その規準を見失ってしまう。そのため、「大きな物語」のフェイク（偽物）を無自覚のうちに捏造《ねつぞう》し、それを信じようとすることで、かろうじて生きる意味を見出そうとする。家族が各々の役割を演じるのも、一方では家族の理想像を見失っているにもかかわらず、幸せな家族の像をあえて信じようとしなければ、自分の居場所を見出せないからなのだ。

このように、信じるべき価値を持たないからこそ、形式だけでも信じるふりをしてしまう精神、これを哲学者のスラヴォイ・ジジェクはシニシズムと呼んでいる。

たとえばナチズムやスターリニズムといった二十世紀のイデオロギー崇拝の根底にあるのは、こうした意味でのシニシズムであるという。民衆はそれを本気で信じていたわけではなく、ただ形式的に信じるふりをしていたにすぎない。「ふりをしていた」と言っても、自覚的に演技していたわけではない。自分がそうした思想を信じていることに対して、意識の上で疑念はないのだが、しかし心のどこかで疑っているため、自分の態度にどこか「わざとらしさ」を感じてしまうのだ。「シニカルな主体は、イデオロギーの仮面と社会的現実との間の距離をちゃんと知っているが、それにもかかわらず仮面に執着する」(『イデオロギーの崇高な対象』一九八九年、鈴木晶訳、河出書房新社、二〇〇〇年)。ジジェクによれば、これは「王様は裸だ」と知っていながら知らないふりをしていた、あの寓話《ぐうわ》における民衆たちと同じなのである。

しかし、こうしたシニシズムの時代は終わりに近づいている、と東浩紀は主張する。もはや意味への渇望を人間関係のなかで満たすことはできず、他者の承認を求めることもなく、自分だけで欲求を満たすしか道はない。そして東浩紀はこのような変化を「動物化」と呼んでいる。

だが、はたしてそうだろうか。確かに人間は他者の承認ばかりを求めているわけではないし、単独で欲求を満たす可能性もあるかもしれない。「他者の承認など必要ない」と主張する人間も、決して少ないわけではない。しかしそれでも、他者の承認は自分の存在価値に関わる、最も人間的な欲望であり、長期にわたってそれなしに生きていける人間はほとんどいないだろう。

確かに現代の日本社会では、社会共通の大きな価値観に対する信頼はゆらいでいる。だからといって、他者の承認を求めないような、自分一人で動物的に欲求を満たす人々が多数派を占めているわけではない。大多数の人間は現在もなお、身近な人間関係や小集団のなかで承認を求めている。そのため、学校や職場、趣味の共同体など、自分が属する集団において共有された価値観を重視し、その価値観に準じた言動を心がけている。

小集団ごとに異なった価値観が信じられているとしても、集団内で共有された価値観は、集団に属する者として承認されるための参照枠として機能する。食品の研究所では新食品の開発が、サッカーの部活動ではチームワークや高度なプレーが、「価値ある行為」と見なされ、仲間としての承認を高めてくれる規準となる。この点は社会共通の価値観が社会的承認の参照枠でもあるのと同じである。

しかし一方では、自分が属する小集団の価値観は、誰もが信じている価値観というわけではないこと、世の中には多様な価値観が存在することを、普通は誰もが知っている。そのため、自分が属する小集団の価値観への熱狂が冷め、関心が薄れると、その価値観に準じた行為に意味を見出すことができなくなる。それでも仲間の承認だけは維持したいため、そうした行為の価値を無意味に感じる反面、それをやめることができない。

たとえば営利目的の職場であれば、売り上げを伸ばせば評価され、承認を得ることはできるし、うまくいっている間はそれも楽しめる。だが一方では、そのような行為が職場以外ではさして評価されないことを知っているため、仕事がうまくいかなくなれば、ただ営業成績を競う日々の生活に価値を見出すことができなくなる。しかし周囲の批判を怖れ、彼らの承認を維持するために、そうした行為をやめることができないのだ。まして、学校の同級生や幼稚園のママ友のような仲間関係においては、目的や価値観を共有して集まったわけではないため、より一層、承認を維持することだけが目的になりやすい。

承認を維持するための形式化された空虚な行為という意味では、これは先に述べたシニシズムと同じだが、異なっている点は、もはや虚構としても社会共通の価値観は措定されず、そうした価値観を信じようとする自己欺瞞《ぎまん》的な意識も存在しない、ということだろう。先に紹介した『トウキョウソナタ』の家族も、各々の役割をわざわざ演じている点で、一見、「虚構の時代」のシニシズムを象徴しているように見える。しかし、彼らは幸福な家族という物語の価値を信じているわけではないし、信じようともしていない。そこにはジジェクの主張したシニシズムの特徴でもあった、あの自己欺瞞的な意識さえ存在しない。彼らはただ、かろうじてお互いの承認を維持するためだけの、空虚な行動をとっているにすぎない。

それがすでに述べた「空虚な承認ゲーム」なのである。

自由と承認の葛藤

「空虚な承認ゲーム」においては、自分の思うままに行動したい、感じたままに発言したい、という思いは、「本音を出したら嫌われるかもしれない」という不安によって、ある程度まで我慢せざるを得なくなる。そもそも愛情や信頼を感じている相手でない限り、過度の配慮や同調は負担なだけであり、自分の自然な感情を抑圧することで、自己不全感を招いてしまうだろう。

それは「承認」を過度に優先し、「自由」を必要以上に抑圧した結果とも言える。

もともと「自由への欲望」と「承認への欲望」の間には葛藤が起きやすい。たとえば、職場で自分のやりたい仕事があっても、上司や同僚に気を遣って断念したり、休日は寝ていたいと思っても、恋人の買い物や友人の遊びに付き合ったり、私たちは他者の承認を維持するために(「承認への欲望」を満たすために)、ある程度まで自由な行動を抑制する。逆に、相手の批判や軽蔑を怖れず、自分が思ったとおりに行動するなど、他者の承認よりも自由への欲望を優先させる場合もある。

一般的に、承認に対する不安が強い人間ほど、他者に承認されるための過剰な努力、不必要なまでの配慮と自己抑制によって、自由を犠牲にしてしまいやすい。自分の自然な感情や考え(本当の自分)を抑圧し、「偽りの自分」を無理に演じてしまうのだ。その結果、心身ともに疲弊してうつ病になったり、心身症や神経症を患ってしまうケースも少なくない。

すでに述べたように、社会共通の価値観（＝大きな物語）への信頼が失墜《しっつい》したため、何をしたら承認されるのかがわかりにくくなり、結果として承認不安が強くなっている。だが、「自由と承認の葛藤」という観点からもう一歩踏み込んで考えると、そこには「自由な社会の到来」という、より大きな時代背景が見えてくる。

近代以前の西欧社会ではキリスト教の価値観が強い影響力を持っていたので、その価値観に反する行動はほとんど不可能であり、個人の自由は存在しなかった。ところが十八世紀以降、市民革命と資本主義の発展にともなって、個人が自由に生きる条件も次第に整いはじめた。といっても、「人間は生まれながらにして自由であるが、しかしいたるところで鉄鎖につながれている」（『社会契約論』一七六二年、『世界の名著36　ルソー』平岡昇他訳、中央公論社、一九七八年）というルソーの言葉が示すように、最初はまだ伝統的価値観の影響力が強く、自由な行動には数多くの制約があった。伝統的価値観に反する行動は社会的承認が得られず、周囲の信用を失ってしまう危険性が高かったのだ。

ここに「自由と承認の葛藤」が生み出されたのであり、それはまず「個人と社会の葛藤」として現われ、「個人は社会に抑圧されている」といった世界像を生み出した。自由に生きる条件は確実に増大していたが、しかし自由への欲望が高まったことで、むしろ「社会によって自由が抑圧されている」と感じられやすくなったのである。

たとえば精神分析を創始したフロイトは、「個人と社会の葛藤」を軸に据えて神経症を説明している。彼はこの葛藤をもっぱら「性欲と道徳心の葛藤」として捉えていたが、それは神経症が増加しつつあった当時（十九世紀末）、性的欲望の自由な発露を許さないような伝統的な道徳観が根強く残っていたからだ。伝統的な道徳観に反する行為は社会的承認の剝奪を意味している。そのため、この道徳観に反する性的欲望は抑圧され、神経症が発症する。個人の自由と社会の承認の葛藤は、神経症という心のねじれを生み出したのである。

現在では、（性に限らず）社会の抑圧がそれほど強いわけではなく、自由に生きることを妨げる足枷《あしかせ》はほとんど存在しない。科学の進歩と産業の発展、二度の世界大戦、マルクス主義の退潮、そして消費社会の到来によって、先進資本主義諸国においては伝統的価値観の影響力が弱くなり、多くの人が特定の考え方に縛られず、自由に生きられるようになっている。

しかしその一方で、誰もが認めるような行為の規準が見えにくくなり、何をすれば他者に認めてもらえるのか、きわめて不透明な状況になったのも事実である。このため多くの人間は、自分の感情や思考を自由に表出すること、自由に行動することを抑制し、身近な人々の承認を維持するために、彼らに同調してしまいやすい。自由と承認の葛藤は、いまや「個人の自由」と「社会の承認」の葛藤ではなく、「個人の自由」と「身近な人間の承認」の葛藤になっている。

いま、コミュニケーション能力が重要になり、「空虚な承認ゲーム」が蔓延しているのは、社会共通の価値観を基盤とした「社会の承認」が不確実なものとなり、コミュニケーションを介した「身近な人間の承認」の重要性が増しているからなのだ。

承認不安からの自由

コミュニケーションの場が小集団ごとに分裂した状況を、社会学者の宮台真司は「島宇宙化」と呼んでいる。「若者のコミュニケーションは現在、各種の等価な『島宇宙』によって分断され尽くしている」（『制服少女たちの選択』講談社、一九九四年）と宮台が発言してから、すでに十数年が経過しているが、現在でもその状況は加速度的に進行し、各々が同じ価値観を共有する集団のなかでのみ、その価値観に準じた言動によって承認を維持している。

このように、社会共通の大きな価値観が存在しなければ、承認ゲームは価値観を共有する小集団のなかでしか成り立たない。社会の強制力が弱い分だけ、自分で集団や価値観を選ぶ自由は拡がっているが、自分が認められる場は自分で探し出さなければならない、という面倒な側面があるのも事実だ。しかもそのような集団が見つかり、そこで承認を得る道が開けたとしても、別の問題が待ち受けている。

小集団の価値観やルールは、それを批判するメタレベルの価値規準が存在しない現在の状況では、集団メンバーの合意やリーダー格の人間の判断によって、容易にルール変更が生じやすい。そのため、絶えずリーダー格の人間や他のメンバーの言動に留意し、それなりに調子を合わせる必要性が生じてくる。このような状況下では、もはや集団内で共有されていたもともとの価値への信憑《しんぴょう》は薄れ、承認を維持することだけが目的化されやすい。集団の価値観を直接信じるというより、みんなが信じるからそれを信じるのであり、その集団の価値を本当は信じていなくとも、あえて「信じるふり」をし、承認を得ようとするのだ。

したがって、リーダーや幹部がその価値観を修正すれば、容易に従来の価値観を捨て、それについていくことになりやすい。結局、集団内の承認のほうが、共有されている価値観よりも重要なのである。

信じるふりをするだけの価値観さえ共有されていない集団や人間関係においては、承認の不安はさらに深刻になる。学校の仲間集団などは、特定の価値観を共有していないことが多いため、より直接的に承認を求め合うゲームとなりやすい。友だちと共有している感覚や趣味から逸脱した言動はしない、その趣味が好きなふりをし続ける、といった面はあるのだが、そのような承認の規準は価値観より曖昧《あいまい》で容易に変わりやすい。

また、価値への信憑が存在しない分だけ、承認されることへの執着も大きくなる。信じるものを持たない人間は、何をすれば価値があるのか、価値のある人間として認められるのか、まったく見当のつかない状況に陥りやすい。それに、共有された価値を信じるふりは必要ないが、その分、他者の言動に同調しなければ、承認を維持することが難しくなる。その結果、承認への不安は強くなり、底なしの承認欲望から脱け出せなくなってしまうのだ。

いま多くの人々が、社会の承認という呪縛から解き放たれ、社会の抑圧を感じることもなくなっている反面、身近な人々の承認に固執し、せっかく手にしたはずの自由を自ら手放している。自由の足枷と思われた伝統的な価値観は、それが失われるや否や、強い承認不安を引き起こし、自由と引き換えにしてでも承認を得たい、そう望む人々を生み出している。

しかし、すでに私たちが自由の意識を獲得し、自由への欲望を抱く存在である以上、このようなやり方では自己不全感に陥るのは目に見えている。かといって、他者の承認を無視して自由に生きる、などというわけにもいかない。では、自由を手にしたまま、承認をも維持する、そんな方法があるのだろうか？

この問いに答えるためには、人間の「認められたい」という承認欲望について、より本質的な考察が必要になるだろう。人間はなぜ認められたいのか、承認への欲望とは何か、その意味を明らかにすることができれば、この承認不安に満ちた時代をどう生き抜けばよいのか、いかにすれば「空虚な承認ゲーム」から脱し、自由の意識を取り戻すことができるのか、その方向性が見えてくるにちがいない。

本書はこうした現代の承認不安について考察し、いかにすればこの苦悩から逃れられるのか、一定の処方箋を提示することを目的としている。だがその前に、まず人はなぜ認められたいのか、承認への欲望を本質的に考えることからはじめよう。その際、私は哲学者フッサールの創始した「現象学」という考え方から、この問題の本質に迫りたいと思う。

第2章　なぜ認められたいのか？

アイヒマン実験

一九六〇年、アメリカの心理学者スタンレー・ミルグラムは、人間が権威に服従する心理を調べるために、ある特殊な実験をおこなっている。

被験者は二十歳から五十歳までの多様な社会階級から選ばれた千人以上の志願者で、「記憶と学習に関する科学的研究」（報酬あり）という新聞広告を見て参加した人々だ。彼らはエール大の実験場所に集まると、罰することが学習過程にプラスであるかどうかを確かめる実験である、と進行係の「教授」から説明を受け、「教師」の役割を与えられた。それは、記憶問題を課せられた「学習者」が答えを間違えた場合、電気ショックの罰を与える役割である。

「学習者」は電気椅子に縛りつけられ、手首には電極がつけられた。「教師」は電気ショック発生器の前に座り、「教授」の命令で罰を執行する。発生器には三十の鍵盤スイッチが並び、一五ボルトから四五〇ボルトまで電圧が変えられるようになっており、「弱いショック」「強いショック」「危険で苛《か》酷《こく》なショック」という表示がある。そして、答えを間違える度に、順次ショックの度合いが高められるのだ。

しかし、実は電気ショック発生器はニセモノであり、罰を受ける「学習者」は雇われた俳優であった。「学習者」は電圧の上昇とともに苦痛の声を大きくし、不平を言いはじめる。一五〇ボルトでは、「ここから出してくれ！　もう実験なんか受けない。これ以上するな」と叫び、三三〇ボルト以上では、苦痛に悲鳴をあげるだけで、もう何も言わなかった。しかも返答なき場合は誤答と見なされ、「教授」はショックのレベルを増加させるよう「教師」に指示したのである。

この実験の本当の目的は、「教師」役の被験者たちが一体どこまで「教授」の指示に従い、罪なき人間に激痛を与えることができるのか、権威に服従する限界はどこにあるのか、を知ることにあった。

当初の予想では、ほとんどの被験者が「教授」の命令を拒み、一五〇ボルト以上はスイッチを押さないだろう、と考えられていた。だが結果は驚くべきことに、六割の被験者が「教授」の指示に従い、四五〇ボルトまで実験を継続した。「教授」には強制する権限はなく、威嚇《いかく》も説得もしていない。「学習者」は苦悶《くもん》の表情を浮かべていたし、被験者には躊躇《ちゅう ちょ》する人々もいた。それにもかかわらず、結局は彼らの多くが電圧を上げ続けた。しかも同様な実験は、イタリア、南アフリカ、オーストラリア、ドイツでも繰り返され、ほぼ同じ結果が出ている。

ミルグラムはこの実験結果について、「通常はまっとうで礼儀正しい人物が、なぜこの実験の中では他人に対して残酷に振るまうのか」と問い、「その人がそうするのは、衝動的な攻撃的行動を制御する良心が、ヒエラルキー構造に参加する時点で力を弱められているからなのだ」（『服従の心理』一九七四年、山形浩生訳、河出書房新社、二〇〇八年）と述べている。人間は階層の明確な集団のなかに組み込まれると、良心に基づく個人の意志は抑圧され、自分より高位にある権威に判断を委ねてしまう、というのだ。

この実験は通称「アイヒマン実験」とも呼ばれている。アイヒマンはナチス親衛隊員として、数百万のユダヤ人を収容所へ移送する指揮を執った人物だ。戦後、アルゼンチンで逃亡生活を続けていたが、イスラエルの諜報機関（モサド）に捕まり、裁判にかけられている。その裁判は大量虐殺の責任者を裁くものとして世界的な注目を集めたが、アイヒマンが残虐非道な極悪人ではなく、反ユダヤ主義者でもなく、ごく普通のまじめな小市民であったことが明らかになるにつれ、一体なぜ彼のような平凡な人物が大虐殺を犯したのか、その謎をめぐって数多くの論争が起きている。

この問いに一定の答えを与えようとしたのが、ミルグラムの実験であった。実験に参加した人々の多くは、一時的とはいえ組織に組み込まれることで、まるで自分の意志を失ったかのように、上の命令に服従してしまった。アイヒマンも「私は上の権力の手に操られる道具でしかなかった」（ブローマン／シヴァン『不服従を讃えて』一九九九年、高橋哲哉他訳、産業図書、二〇〇〇年）と裁判で述べている。彼は上司の命令で事務的に職務をこなす中間管理職にすぎなかった、とも言えるのだ。

アイヒマンだけではない。ナチスに服従した多くの人々は、決して悪意に満ちた人々というわけではなかったが、ナチスの価値観に同調し、ユダヤ人を迫害してしまった。哲学者のハンナ・アレントはこれを「凡庸な悪」と呼び、「ナチス体制のこの初期の段階において、個人的な責任ではなく、個人的な判断力がほとんどすべての人において崩壊したことを考えなければ、実際に起きたことを理解することはできない」（「独裁体制のもとでの個人の責任」『責任と判断』二〇〇三年、中山元訳、筑摩書房、二〇〇七年）と述べている。

しかし、アイヒマンとナチスに服従した多くの人々、そしてアイヒマン実験の被験者たちは、本当に権威を前にして個人の意志を抑圧してしまったのだろうか。確かに個人の自由な判断を抑制し、権威の判断に身を委ねたのは事実だろう。だが、それは個人の意志を抑圧したというより、「自分の価値を権威に認められたい」という隠された個人の意志に基づく行為であった、と考えることもできる。つまり、自由な判断によって批判されるリスクを冒すよりも、権威ある他者の判断に従うことで、自分の行為が肯定されること、認められることを心のどこかで期待していた可能性があるのだ。

服従の心理と承認欲望

ナチスに服従した人々の生きた当時のドイツでは、第一次世界大戦の敗北による膨大な賠償金が物価の異常な高騰を招き、その後も世界恐慌の影響によって経済は破綻し、大量の失業者を生み出していた。敗戦による屈辱と貧困のなかで、人々は自らの生きる意味を見失いかけていた。伝統的な価値観が崩れ、自らの判断に自信を失くしていたのだ。

こうしたなか、新たに台頭してきたナチズムは、自分の行為に価値があることを確信するための、新たな判断規準になった、と考えられる。それは多くの人が共通して認めた価値観になるにつれ、周囲から認められ、批判されたりしないためには、誰もが従わざるを得ないものになったはずだ。

アイヒマンの場合も、こうした承認への欲望と不安が根底にあったのではないだろうか。

確かに彼は上司の指示に従って職務をこなしただけであり、それはミルグラムの言うように、組織のなかで個人的な意志が抑圧されているようにも見える。あるいは社会学者のジークムント・バウマンが『近代とホロコースト』(一九八九年、森田典正訳、大月書店、二〇〇六年)で指摘したように、自己の保身を合理化することで、道徳感情を排した結果なのかもしれない。だがもしそうだとしても、自己保身の合理化は単に身を危険から守るためだけでなく、社会的な承認を維持するためであった、と考えられる。

ミルグラムの実験における被験者たちにも同じことが言える。

アイヒマン実験が最初に行われたのは第二次世界大戦後のアメリカ社会だが、すでに述べたように、そこでは産業の急速な発展と消費社会の到来によって、伝統的な価値観はゆるがされ、人々は多様な価値観に晒《さら》されていた。これは、承認の規準となる行動規範が不透明であった、ということでもある。そのため、「どうすれば認められるのかがわからない」という承認の不安が広まりつつあったと考えられる。

社会共通の価値観への信頼がゆらいでいれば、行動を規制する価値観やルールの強制力は弱く、ある意味で自由な社会が到来する。また消費社会のもたらした豊かな生活は、自由に生きる選択を拡げていたはずだ。しかし実際には、当時、自分なりの価値観を持って自由に行動できる人は少なかった。むしろ他者に行為の判断を求める人々が多数を占めていた。彼らはナチス体制下に比べるとはるかに自由な言動が許されていたが、他者に同調し、行為の判断を他者に委ねてしまう傾向があった。それは承認の不安を無意識の動機として考えなければ、説明がつかない行為である。

アイヒマン実験の被験者となったのはこのような人々であった。彼らは「教授」の指示を拒否する自由を持っていたが、しかしそれにもかかわらず、指示に従って電圧を上げ続けた。そこには、権威のある人物（「教授」）に服従することで、彼の承認を維持し、自らの存在価値を確認しようとする無意識の心理を見ることができる。

ここで注意すべきなのは、承認欲望（認められたい欲望）は、決して近代以降の自由な社会に特有なものではなく、人間が文化を築きはじめた当初から存在し、人間のあらゆる行為の基底にある欲望、まさに人間が人間であるがゆえの欲望である、ということだ。詳しくは後で説明するが、社会共通の価値観が存在した時代には、その価値観に準じて行動すれば一定の承認は確保できたため、承認の不安は前面に現われず、承認欲望に対して無自覚であったにすぎない。

心理学の欲望論

人間にとってこれほどまでに重要な意味を持つ承認欲望について、従来の心理学は十分な検討をしてこなかった。しかし、心理学の主要な欲望の理論には承認欲望の重要性を暗に示しているものもあるので、いくつか紹介しておこう。

心理学において最も有名な欲望の理論はマズローの欲求階層説だが、彼は人間の欲求を五段階のヒエラルキーに分け、自己実現の欲求を最上位に位置づけている。①生理的欲求や②安全欲求などの下位の欲求が満たされれば、③所属と愛情の欲求（集団に所属したい、愛情を得たい）や④尊敬と承認の欲求（他者に認められ、尊敬されたい）が強くなり、それも満たされれば、⑤自己実現の欲求（自分の能力・可能性を引き出し、実現したい）が強くなる。「すべての基本的欲求は、それを包む一般的自己実現への途上の単なる階梯と考えられるのである」（『完全なる人間』第二版　一九六八年、上田吉一訳、誠信書房、一九九八年）。

マズローと同様に、自己実現の欲望を重視する心理学者は少なくない。たとえば独自の無意識論で有名なユングは、自己実現を個性化と呼び、それを「自分自身の本来的自己（ゼルプスト）になること」（『自我と無意識の関係』一九二八年、野田倬訳、人文書院、一九八二年）だと述べている。無意識にある本来的自己、つまり「本当の自分」を意識化し、そのような人間として行動できることこそ人生の目標である、というわけだ。

また、カウンセリングに多大な影響を与えたカール・ロジャーズはこう述べている。「成長の傾向、自己実現への欲求、あるいは前進していく傾向、といったどんな言葉で呼ぼうと、それは生命というものの根本的な動機である」（『ロジャーズが語る自己実現の道』一九六一年、諸富祥彦他訳、岩崎学術出版社、二〇〇五年）。ロジャーズによれば、あらゆる心理療法はこの傾向を頼りにしているのだ。

このように、自己実現は心理学にとって重要な概念となっているが、この欲望の内実をよくよく考えてみれば、そこには承認欲望が深く関わっている、と考えざるを得ない。なぜなら自己実現への欲望は、自己実現した私を認めてほしい、自分の本当の能力・可能性を十分に実現した姿、そうした「本当の自分」を認めてほしい、という思いをともなっているからだ。

しかし、マズローは承認欲望を自己実現欲求よりも下位に位置づけているにすぎず、この問題にあまり踏み込んではいない。ユングやロジャーズにおいては、自己実現を周囲の視線から「本当の自分」を解放することとして捉えており、他者の承認に固執することは他者に同調した「偽りの自分」を演じることになり、むしろ自己実現から遠ざかってしまう、と考えられている。これは見方によっては、自己実現欲求と承認欲望を対立的に捉えている、とも受け取れる。自己実現を重視する心理学者の多くが他者の承認を重視しないのは、このような考え方が背景にあるからだろう。

とはいえ、承認欲望の重要性を認識していた心理学者がいないわけではない。

たとえば個人心理学の創始者であるアルフレッド・アドラーは、劣等感から生じる優越性への欲望（権力への意志）を重視しているが、優越感は他者の承認抜きには生じ得ないはずだ。しかもアドラーによれば、精神的に成熟すれば、優越性への欲望は共同体感覚につながり、集団や組織の人たちに認められたい、一緒に協力して生きていきたい、という欲望になり、そこに人生の意味を見出すことになる。「すべての真の『人生の意味』のしるしとなるものは、それらが共通の意味であること——それらは、他の人々が共有でき、妥当なものと承認できるような意味である」（『人生の意味の心理学』一九三二年、高尾利数訳、春秋社、一九八四年）というアドラーの言葉には、他者の承認なしに「人生の意味」を感じることはできない、という考え方が貫かれている。

このように、心理学の領域で提起された主要な欲望の理論は、その多くが承認欲望の重要性を示している。それはフロイトの理論についても同じことが言える。というより、フロイトこそ、承認欲望の重要性を最初に示した心理学者なのである。

この見解は一見奇妙に思われるかもしれない。フロイトといえば汎性欲説と呼ばれるほど、性的欲望を重視した心理学者であり、マズロー、ロジャーズ、ユング、アドラーのいずれもが、この性欲論への反論として、ここに挙げたような欲望の理論を提起しているからだ。しかし実際には、フロイトは性欲だけを重視したのではなく、性欲と道徳心の葛藤を重視したのであり、欲望の葛藤こそ人間存在の本質だと考えていた。しかも性欲と対立する道徳心は、自尊心を保持しようとする自我の欲望と見なされており、言うまでもなく、それは他者の承認と深く関わっている。

もちろん、フロイトも他の心理学者と同様、承認欲望の重要性を直接指摘したわけではない。しかし、彼の提示した欲望の葛藤モデルは、承認欲望を考察する上でとても重要な示唆を与えてくれるのだ（この点については第4章で詳しく解説する）。

人間の欲望は他者の欲望である

ところで、近代最大の哲学者であるヘーゲルは、人間が欲望の葛藤を抱えた存在であること、複数の衝動を抱えて苦悩する存在であることに、誰よりも早く気づいていた人物である。この点については時代的にもフロイトに先行する。欲望の葛藤について、彼は次のように述べている。

もろもろの衝動に関係する反省は、これらの衝動を表象し、見積もり、これらの衝動をたがいに比較する。次にこの反省はまた、これらの衝動をその充足のいろいろの手段や結果などと比較し、そして満足の一全体――幸福――と比較する。それゆえ、反省は、このような素材に形式的な普遍性をもたらし、こういう外面的な仕方で、この素材の生で野蛮な状態を純化する。（『法の哲学I』一八二一年、藤野渉他訳、中公クラシックス、二〇〇一年）

ある衝動を満足させようとすれば、他の衝動の満足は放棄せねばならない。そこで私たちは、反省によってどの衝動も満足できるような状態＝幸福をイメージし、その調和を図ることになる。人間はただ衝動に流される野蛮な存在ではなく、理性によって各々の衝動を反省し、判断する自由を持っているのだ。そして、個々の衝動の満足を超えた幸福を思い描く際、特に重要になるのが、自分が愛され、認められることである。

たとえば私たちは何か気にくわないことがあっても、人前で物を壊したり、怒声を上げたり、といった軽率な行動は抑制する。それは周囲の人々から、精神的に未熟な人間、短気で人目をはばからない変人、などと思われたくないからだ。あるいは、家でゴロゴロしていたいのに、仲間内の会合に顔を出したり、他人の仕事を手伝ったりする場合、相手への思いやりや配慮というだけではなく、相手に嫌われたくない、「いい人」だと思われたい、という気持ちが心のどこかにある。

「他者から認められたい」という承認への欲望は、他者の存在を抜きにして充足することはできないため、しばしば自己中心的な欲望と対立する。そして大抵の場合、承認欲望が他の欲望を凌駕《りょうが》し、衝動的な言動を抑制してしまう。それだけ、人間の承認欲望は強いのである。

一般的に、ヘーゲルの哲学は真理を想定した最後の形而上学として、また近代国家を擁護した悪しき近代主義として、現代思想では最大の批判対象となっている。しかし、ヘーゲル哲学の核心を承認欲望として読み解いたアレクサンドル・コジェーブの影響もあり、高く評価する者もいる。「人間の欲望は他者の欲望である」というラカンの有名な言葉も、哲学・思想の領域では広く受け入れられている。ただそれは、人間の欲望は純粋に自分自身の欲望ではなく、他者の欲望に影響を受けている、人間は自由な存在ではなく、他者との関係に規定されている、といったネガティヴな考え方が含意されているのも事実だ。

実際には、人間が自由な存在であるからこそ、他者の欲望、他者の承認が重要な意味を持つ。近代になってはじめて自由に生きる可能性が開かれて以来、私たちは自分が何をすべきなのか、選択の自由の前に立たされている。だからこそ、自分のなかに複数の欲望が存在し、せめぎあっていることが自覚できるのだ。そしてこうした葛藤のなかで、私たちはしばしば自分の衝動を抑制し、他者に承認されるような行動を選択する。このことによって、私たちは承認欲望こそ人間存在の根幹にあることを自覚しはじめたのである。

こうした認識に先鞭《せんべん》をつけたのはまぎれもなくヘーゲルであり、彼は欲望の複数性を自覚し、承認欲望が特別な重要性をもつことを明確にした最初の人物である。それはどんなに評価しても、しすぎということはない。しかし、この認識は十分には理解されてこなかった。心理学の領域では、承認欲望の重要性を示唆する理論が提起されながらも、承認欲望そのものに焦点が当てられることはなかった。哲学・思想の領域においては、ヘーゲルの提起した承認欲望の重要性を認めながらも、それをネガティヴなかたちで捉えることが多く、本質的な考察が見られない。

したがって、「人間の欲望は他者の欲望である」というヘーゲルやコジェーブ、ラカンの教えを教条的に信じるのではなく、その意味をゼロから考え直してみる必要がある。なぜ人間は他者の承認を求めるのか、それはどのような意味を持つのか、そうした本質的な考察が必要なのである。

以下の承認欲望の本質に関する考察は、こうした問題意識に立っている。私はこの試みをフッサール現象学を使って進めてみるつもりだが、まずはその基本的な考え方について説明しておくことにしよう。

現象学の視点

ふだん、私たちは眼の前に広がっている世界に対して、その実在性を微塵《みじん》も疑ってはいないものだ。私はいま椅子に座り、机やパソコン、コップなどに触れたり、窓の外に見えるビルや雲、青空に眼をやったりしているが、それらは夢や幻覚などではなく、そこに確かに存在する、と信じている。だが、それが夢や幻ではないという保証は実はどこにもない。どんなに世界がリアルに感じられようと、世界が実在することは原理的に証明できない。では、一体なぜ私たちは世界の実在性を疑わないのだろうか？
その理由について、フッサールの次の文章は見事に言い当てている。

生身のありありとしたありさまで与えられる事物的なものはすべて、その生身のありありとした所与性にもかかわらず、存在しないこともありうるのである。生身のありありとしたありさまで与えられる体験は、存在しないこともありうるということは全くないのである。これこそは、本質法則であって、この本質法則によって、体験の必然性と、事物的なものの偶然性とが、定義されるのである。（『イデーンⅠ-Ⅰ』一九一三年、渡辺二郎訳、みすず書房、一九七九年）

眼の前に広がる世界は幻想かもしれない。しかし、私にその世界が見えていること、その映像が意識に現われていること自体は決して疑えない、と言うのである。確かに、私はいま眼前にパソコンが見えているが、パソコンが実在している、という証明はできない。だが、パソコンが私に見えている、私の意識に現われていること、それは絶対に疑い得ない。この意識の疑えなさ（不可疑性）こそ、眼の前の事物が実在することを信じさせるのだ。

このように、意識現象の不可疑性はあらゆる認識の底板になっている。現象学があらゆる認識対象を意識に還元し、意識の現象として考えるのはそのためだ。

しかも現象学では、意識に還元して考察する対象は事物だけではない。「不安」「自由」「死」「社会」「無意識」「言語」「身体」など、さまざまな概念や経験もまた、意識に還元して考えることができる。無論、概念や経験は、パソコンや机のような物とは違い、対象の実在性が問われるわけではない。そこで問われるのは、概念や経験の本質なのである。

たとえば「不安」という概念について考えるとき、私たちは「不安」を感じた経験があり、その経験を「不安」という言葉で誰かと語り合っている以上、すでに「不安」の意味を自分なりに受け取っていることがわかる。パソコンを見たとき、瞬時に「あ、パソコンだ」とその意味を直観しているように、「不安」という概念や経験を思い浮かべる際にも、その意味を直観しているのである。このとき、「不安」についての理論的な先入観を排し、自らが直観している「不安」の意味を出発点に据えて、誰もが納得できるような「不安」の意味を取り出すことができれば、それは「不安」の本質と呼ぶことができるだろう。

このように現象学の思考法では、概念や経験の本質を明らかにすることができるのであり、こうした思考作業は「本質観取」と呼ばれている。

「本質」という言葉を客観的な真理という意味で捉え、現象学は真理を認めている、という批判も少なくない。これだと、本質観取は真理を言い当てるゲームということになってしまうが、この批判は的外れである。本質を明らかにするということは、主観的に理解している意味を超えて、誰もが納得するような意味、共通して了解し得る意味を取り出すことにほかならない。

このような本質観取の考え方は、承認欲望の本質を考える上でも役に立つ。

人間が「認められたい」という欲望を抱くのはなぜなのか、その意味を考えようとするとき、私たちはまず、過去に自分が認められた経験を思い起こす。親に認められて嬉しかったこと、仲間の共感を得て安心したこと、会社で認められて誇らしかったこと、世間の評判を噂で聞いてホッとしたことなど、さまざまな状況を思い浮かべる。すると、そうした経験に共通する意味を見出すことができる。

だがそれだけでは、まだ個人的経験のみに依拠した答えであり、問題の本質に達しているとは言えない。そこで、他の人々も多様な承認の経験をしていることを考慮し、他人はどう思うだろうか、どのように答えれば誰もが納得する答えになるだろうか、と思案してみる。さまざまな人たちの意見も聞きながら、誰もが共通して納得できる承認欲望の意味を見つけ出そうとする。そうした共通了解し得る一般性のある意味こそ、承認欲望の本質と言えるのだ。

では早速、このような思考作業（本質観取）を通して、人間の「認められたい」という欲望の本質について考えてみることにしよう。

承認を与えるのは誰か？

さまざまな承認の場面を想像してみて即座にわかるのは、「認められたい」という欲望の充足に不可欠なのは、何といっても他者の存在である、ということだ。あたりまえではあるが、承認欲望は他者がいなければ決して満たされない。

だが他者といってもいろいろある。家族や友人のようなごく身近な存在もいれば、学校の同級生や会社の同僚など、一定の目的を共有する仲間もいる。近所の顔見知り、会ったこともないネット上の知り合い、そしてほとんど知らない人々まで、実に多様な他者が承認欲望の対象となる。そこで私は、これらの他者を関係性の違いから三つに分け、それぞれ「親和的他者」「集団的他者」「一般的他者」と名づけようと思う。また、各々の他者による承認を、「親和的承認」「集団的承認」「一般的承認」と呼ぶことにしよう。

「親和的他者」とは、家族、恋人、親しい友人など、愛情と信頼の関係にある他者である。彼らが親身に話を聞いてくれるとき、優しく受け入れてくれるとき、私たちは自分が相手にとって価値ある存在であることを実感し、「この人と一緒だと、〈ありのままの自分〉でいられる」と感じることができる。こうした愛と信頼の関係にある相手（親和的他者）を対象として、「ありのままの私」が無条件に受け入れられている、という実感をともなう承認が「親和的承認」である。

次に「集団的他者」だが、これは学校におけるクラスやサークルの仲間、職場の同僚など、自分が所属する集団の人間を指す言葉であり、彼らとは一定の仲間意識、役割関係、ライバル関係などが築かれている。

仲間として一定の信頼があるとしても、普通、集団的他者が無条件に認めてくれることはない。集団的他者の承認（集団的承認）は集団が共有する価値観やルールに基づいており、集団への貢献、協力的態度、気配りなど、集団に属する人々が価値ありと判断する行動が必要になる。あるいは特定の知識や技能を重視する集団なら、そうした知識や技能の習得によって集団的承認を得ることができる。それは、自分が集団にとって必要な存在であることを感じさせてくれるのだ。

ところで、集団の共有する価値観が特殊なものであれば、その価値観に準じた行為や知識・技能はその集団（集団的他者）にしか認められない。だが、集団が共有する価値観が集団以外の人々にも共有されているなら、その価値観に準じた行為や知識・技能もまた、集団を超えて認められる可能性を持っている。たとえば、学問的な知識や優れた技能、運動能力、道徳的行為などは、自分の属する集団的他者だけでなく、広く社会一般の人々に認められる可能性を持つことは誰もが知っているだろう。

次に述べる「一般的他者」の承認（一般的承認）は、まさにこうした社会全般にわたって価値があると見なされるような行為や知識・技能が対象となる。

「一般的他者」は不特定多数の他者一般を指す言葉であり、具体的な誰それという他者ではない。他者に影響のある何らかの行為に及ぶとき、自分の行為が正しいか否か、世間や社会一般の人々から認められるか否か、他者一般の像を想定してシミュレーションすることがあるはずだ。一般の人たちはどう思うだろうか、誰もが正しいと認めるだろうか、といった具合に考えるとき、そこでは「一般の人たち」や「誰もが」といった言葉に示されるような、見知らぬ大勢の人々を含む他者一般が想定されている。この内面において想定された他者一般の表象が「一般的他者」である。

私たちは感じたままに行動する場合もあるが、冷静に内省し、自分の行為がどのような評価を受けるのか、それは一般的に承認され得る価値があるのか、吟味した上で行動することも少なくない。このとき、私たちは「一般的他者」の観点から考えて行動し、自分の行為が社会的な承認を得られるか否かを予期している。

以上、「親和的他者」「集団的他者」「一般的他者」という三つの他者と承認欲望の関係を整理すると、次のようになるだろう。

[親和的他者]……愛と信頼の関係にある他者（家族、恋人、親友）→　親和的承認
[集団的他者]……集団的役割関係にある他者（学校の級友、職場の同僚）→　集団的承認
[一般的他者]……社会的関係にある他者一般の表象→　一般的承認

実際には、これほど明確に区分できるわけではない。親和的他者が集団的承認を与える場合もあるし、集団的他者が親和的承認をもたらす場合もある。また、集団的承認が社会一般の価値観と合致し、一般的承認をもたらす場合もあるだろう。

このことを念頭に置いた上で、以下、親和的他者、集団的他者、一般的他者の順に、その承認のありようを具体的に見てみることにしよう。

認められたい「ありのままの私」

家族や恋人、親友など、愛と信頼の関係にある人々（親和的他者）による「親和的承認」

は、ある行為や知識・技能に対する承認ではなく、存在そのものへの承認である。それは基本的に、ただ存在するだけで認められることであり、そこには何ら承認を得るための条件は存在しない。親密な二者関係では、お互いの存在そのものを必要としているのであり、そこに利害関係は介在しない。

しかし現実には、ただいてくれるだけでいい、と言ってもらえるのは赤ちゃんくらいなものであり、存在そのものへの承認と言っても、何もしなくても承認される、何をしても承認される、というものではない。そこには自《おの》ずから求められる「程度」「節度」がある。他人を思いやる心のない人はやはり愛されないし、社会的常識にはずれてばかりだと、さすがに家族や親友でも愛想をつかすだろう。

これに対して、赤ちゃんは、何をしても、何をしなくても、ただ存在するだけで親に愛される。それは最も純粋な親和的承認であり、「無条件の承認」と言うこともできる。しかし、子どもも成長するにしたがって、徐々に無条件に愛され、認められることはできなくなる。危険なことをすれば叱られ、年下の子をいたわれば誉《ほ》められる。さまざまな要求や期待、命令、ルールに囲まれ、それを無視すれば怒られ、失望した顔をされ、受け入れ拒否の態度をされるのだ。

こうして「無条件の承認」を手にすることはできなくなるのだが、しかし「親和的承認」が得られなくなるわけではない。親がさまざまな要求をするのは、多くの場合、子どもが社会の中で安全に、人々から愛されて幸福に生きられるように、という親の愛ゆえなのだ。この場合、親は子どもを叱っていても、親和的承認まで拒否しているわけではない。どんなに手がかかっても、子どもの存在そのものを受け入れ、すでに承認しているのである。

こうした親和的承認を実感し、自分の存在そのものが認められ、愛されていると確信できるなら、子どもは自分の感情を抑圧することなく、安心して親の指示に従うようになる。子どもは親の愛情を感じているからこそ、親の期待に応えたいと思い、その要求や期待を徐々に受け入れるのだ。このように、親子、家族の関係が親和的承認に立脚している限り、子どもは親の要求を受け入れつつも自らの自然な感情を損なうことなく成長する。そして、社会から求められるさまざまな節度を守りつつ、なおかつ自分自身の素直な感情を表現できるようになる。

しかし、親から親和的承認を得ることができず、親の要求や期待、命令が、認められる条件、愛される条件になってしまうと、子どもは自分の自然な感情を抑制し、親の愛と承認を得るために無理な努力をするようになる。典型的なのは、子どもの思いや内面よりも世間体ばかりを気にし、成績が上がったときや有名校に受かったときだけ評価するような親だろう。このような関係においては、子どもは絶えず自己不全感を抱き、親から見捨てられるかもしれない、という不安に苦しめられてしまう。また、こうした承認の不安は他の人間に対しても向けられ、周囲の承認を維持するために過剰な配慮や同調を繰り返すようになるなら、自己不全感はますます強くなるだろう。

だが、このようにして成長した人々も、親友や恋人と出会い、親和的承認を得ることができるなら、自己不全感と承認の不安は一挙に解消される可能性がある。愛する人と一緒にいるとき、私たちは「ありのままの私」でいられることのよろこびを感じ、安心感、安らぎを見出すことができるのだ。それは特に演技していない素の自分であり、感情を素直に表現し、無理なく自然にふるまっている自分を認めてもらうことにほかならない。

無論、すでに述べたとおり、「ありのままの私」と言っても、赤ちゃんのように何をしても認められるわけではない。最低限の社会的ルールは守り、相手に対して一定の配慮ある態度、思いやりのある対応がなければ、普通は誰も受け入れてはくれない。

それでは努力しなければ承認が得られない集団的承認と同じではないか、と思うかもしれない。それはすでに「ありのままの私」ではない、と。

しかし、相手に対して愛情や信頼を抱き、彼らへの配慮や努力が当人にとって無理のない程度のものであれば、「ありのままの私」の実感が失われることはない。当人に尋ねれば、相手が好きだからやっているだけで、無理はしていない、自分がしてあげたいのだ、と主張するだろう。そして、こうした「ありのままの私」の実感がともなう限り、相手に尽くして愛情を得ている面があるとしても、それはやはり親和的承認と言っていい。

そうでなくなるのは、相手への愛情と信頼が薄れ、自分の努力が愛の条件のように思えてくる場合である。そうなると、相手への努力が重荷に感じられ、過度に抑制された自分に自己不全感を抱き、「ありのままの私」ではないように思えてくる。このとき、もはや相手の自分に対する愛と信頼は、親和的承認ではなくなってしまうだろう。

親和的承認とは、人に「ありのままの自分」が受け入れられている、愛されている、という実感を与えるものなのだ。

認められたい「私の行為」

孤独感に苛《さいな》まれ、寂しさに打ちのめされた経験を持つ人なら、誰でも愛や友情を希求して止まない思いに駆られたことがあるだろう。誰かに「ありのままの私」を認めてほしい、受け入れてほしい、そういう切なる思いを抱き、苦悩し続ける人もいる。というより、小説や音楽、ドラマが、愛や友情、家族や夫婦間の信頼と絆を描き続けていることに象徴されるように、大多数の人間はこうした親和的承認への欲望を抱き、愛と信頼の関係を求めている。

しかし、親和的承認は自分ではどうにもならないという一面を持っている。

恋愛における片想いが典型的なように、どんなに努力したり相手のためにがんばっても、相手は感謝こそするかもしれないが、愛情まで与えてくれるとは限らない。しかもこうした感謝は、努力した行為への価値評価であり、そこに「ありのままの私」が受け入れられる余地はない。それでも感謝されるだけまだいいが、感謝もされず、理解さえされないこともある。こちらの愛情を利用し、自分が都合のいいように関係を続ける不誠実な人間もいる。

親和的承認の獲得はかくも不確かなものであり、自分の努力次第で何とかなる、といったものではない。そのため、親和的承認にのみ固執していると、どんな人も大抵きつくなってくる。自分ではどうにもできない自由度の低さがそこにはあるのだ。

しかし人は親和的承認のみで生きているわけではない。より自由度の高い承認、自らの努力で勝ち取ることができるような承認もある。それが集団的承認である。この承認は、自らの所属する集団の中で求められる役割をこなすなど、集団の人間が評価する行為を示し、その行為の価値を集団の成員（集団的他者）から認められることであり、このような承認は自らの努力によって獲得することができる。

たとえば、会社で多くの仕事を高い質でこなせば、同僚や上司から賞賛や羨望《せんぼう》、感謝を得ることになる。それは努力次第と言えるだろう。バスケットボールの選手が自主トレを積み重ねシュートが上手になったことでチームが勝利した、研究員たちの努力で新製品開発に成功し企業の収益が改善した、など、集団的承認は賞賛や感謝を自らの努力によって得ることができるため、相手次第の親和的承認よりはるかに自由度が高い。それは自らの意志と行動によって現状を打破する可能性に満ちている。

集団内で求められる行為によって得られる評価とは、その行動が集団内で認められる価値に適《かな》っているということであり、そこには集団が共有する価値観が存在する。

コミックマーケットで販売される数多くの同人誌に載っている人気漫画のパロディー作品の数々は、アニメファンの中のさらに限定された小集団にしか意味も価値も持たないが、確実に承認の対象になるだろう。野球観戦に集まった人々にとって、ファインプレーは賞賛に値するし、観劇に集《つど》った人々にとって、名演技は高く評価される。それは明確な役割分担のある集団ではないし、たまたま集まっただけの集団だが、しかしその集団が共有する価値の基準を満たす行為なら、集団的承認を導くことができるのだ。

親の愛に恵まれず、信頼できる親友や恋人に出会えなかった場合、「ありのままの私」を受け入れてもらえるような、親和的承認の充足は望めない。努力によって愛と信頼を勝ち取る場合もあるが、前述したとおり、それは確実なものとは言えない。しかし、親和的承認が相手次第なのに対して、集団的承認は自らの意志と行動によって可能性を切り開くことができる。それは価値ある行為に対する評価であり、何もしていない人間に無条件に与えられるものではないが、集団にとって価値あることを成し遂げれば、必ず一定の承認を得ることができるのだ。

それは友人や恋人の親和的承認ほど寛大ではないが、より確実性のある承認なのである。

承認される価値の一般性

ところで、集団的承認の基盤が共有された価値観にあるとすれば、集団のメンバーに限らず、この価値観を共有する人間であれば誰であれ、同じような承認を与える可能性がある。

たとえば、勉強をがんばって難関の大学に合格すれば、親や受験生仲間だけでなく、近所の人々やはじめて会った人間にさえ、高く評価されるだろう。それは現在の日本社会では、多くの人が高学歴に高い価値を置いているからだ。それは小集団を超えて共有された価値観だと言える。無論、受験の成功など長い人生のなかでは取るに足りない、と考える人もいるだろう。その意味で、これは小集団を超えて大勢の人間が共有する価値観ではあっても、決して普遍的なものではない。

しかし、世の中には思想信条や趣味、社会的立場が異なっていても共有されるような、より一般性のある価値、普遍的な価値も存在する。

水害の被害集落へゴミ撤去のボランティアに赴いた場合、被災地の人々から感謝されるだけでなく、それをテレビなどで見聞きした人々から高い評価を得ることになるだろう。そうした行為は、当人が属するボランティア団体内部での集団的承認を超えて、見知らぬ人々からも賞賛され、社会的な承認を得ることができる。しかもそれは、考え方や社会的立場の異なる人々であっても、共通してその価値を認めるような行為である。

電車のなかで困っている人を手助けした場合にも、相手に感謝され、周囲の人々から賞賛の声や眼差しを得ることがある。その行為の価値を認めた人々は、たまたまその場に居合わせただけで、趣味も思想信条も感性も、まったくバラバラであるかもしれない。それでも、「困っている人を助けるのはいいことだ」という価値観は共有されていたことになる。だからこそ、彼らの誰もがその行為の正しさを賞賛したのである。

このように困っている人を助けるような行為は、ごく一部の反道徳的な人間、反社会的な人間を除けば、誰もがその価値を認めるものだ。それは日本という社会さえも超えた、より一般性（普遍性）のある価値評価と言っていい。マザー・テレサの行為（弱者救済）は、キリスト教の愛の教えに従ったものであり、キリスト者が共有する価値観に適《かな》う行為だが、貧しい瀕死の人々に手を差し伸べる、見返りを求めず働く、という行為は、キリスト者以外の人々からも高く評価され、ノーベル平和賞など数々の賞も受けている。それは、貧しい人々を助ける、という道徳的行為の価値が、異なる宗教や文化の間でも共有されているからなのだ。

以上のように、思想信条や趣味、社会的立場を超えて共有される価値であれば、より一層、社会一般の人々に広く認められる可能性がある。それは、単に小集団を超えて共有された価値観というより、個別の価値観を超えた普遍性のある価値に対する承認と言うこともできる。このような他者一般の承認のことを先に「一般的承認」と呼んだが、その対象となる行為の価値は、小さな集団の枠を超えて、社会一般の人々が共通して認める普遍性（一般性）のある価値なのだ。

見知らぬ大勢の人々の承認

一般的承認の対象となる他者は、身近な人間から見知らぬ大勢の人間までかなり広範にわたるのだが、こうした見知らぬ大勢の人間を含む不特定多数の人々は、ふだん、顔の見えない抽象的な他者一般の像として現われる。自分の行為に価値があるのか否か迷ったとき、行為の正しさに確信が持てないとき、「みんなはどう思うだろうか」「誰もが正しいと認めるだろうか」と考えることがあるだろう。このように内面において想定された、見知らぬ大勢の人々を含む他者一般の表象のことを、私は前述のように「一般的他者」と呼んでいる。

この場合、「どのような立場の人々でも、私の行為に価値があることは認めざるを得ないだろう」とか「公平に見れば、誰もが正しいと認める行為だ」などと確信できるなら、つまり「一般的他者」の承認（一般的承認）を想定できるなら、私たちは迷わずその行為を遂行するだろう。

たとえその行為が身近な人間にすぐには認められなくとも、強い承認不安に陥ることはない。それは、自分の想定した一般的他者の承認のなかに、自分の行為の正しさ（価値があること）を確信できるからであり、この確信は、「いますぐには理解されなくとも、いつか認められるだろう」「他の人々なら必ず認めてくれるはずだ」というような、承認される可能性への希望につながっている。

このように、立場や価値観の異なる大勢の人々を思い浮かべ、彼らが共通して了解し得る価値判断を導き出すことは、自らの行為の価値を確信し、承認の可能性を信じる上で、大きな有効性を持っている。以下、このような観点のことを「一般的他者の視点」と呼ぶことにしよう。

たとえば、得意先の会社で重要な交渉の約束をしていて、そこへ急いでいたとしよう。だが途中、たまたま具合が悪そうにしている老人を見かけ、ほうっておけずに肩を貸して近くのベンチに腰をかけさせ、落ち着くまで傍にいてあげたとする。しかし約束の時間に遅れ、交渉は決裂してしまったため、職場の上司は激怒し、同僚たちも失望した顔を隠さない。事情を話しても、命に別状はなかっただろう、誰か別の人に頼めばよかったではないか、などと言われるばかりである。なかには陰で嘲笑する者さえおり、その噂はすぐに彼の耳に入ってきた。

こうして彼はしばらくの間、職場でいたたまれない気分を味わうことになった。重要な仕事は任せてもらえず、同僚たちとも気まずい関係が続いている。仕事が生きがいだった彼にとって、これはショックな出来事であった。職場の集団的承認を失ってしまったため、誰にも認めてもらえない、という強い承認不安を抱えるようになったのだ。

しかししばらくして、あの手助けした老人から手紙が届き、そこには感謝の言葉が綴られていた。あのときの親切が身にしみて、心底嬉しかった、とも述べられていた。それを読んだ彼は、自分のしたことに後悔の気持ちが少しあったことを恥じた。そして冷静になって自らの行為をふりかえり、「職場の人たちは批判したが、他の人間だったらどうしただろうか」「職場以外の人たちに聞けば、きっと自分のしたことは間違っていないと言うのではないか」と考えるようになった。実際、友人たちにその話をすると、口を揃えてこの考えを支持してくれたため、強い承認不安はなくなり、自分の行為に誇りを感じるようになったのである。

彼は「一般的他者の視点」から自分の行為を見直すことで、その行為が正しかったこと、一般の人々には承認される可能性が高いことを確信した。このことによって、集団的承認の喪失による不安はある程度まで解消することができた。一般的承認がそれを埋め合わせてくれたのだ。

ただし、「一般的他者の視点」によって見知らぬ大勢の人々の承認が想定できたとしても、それはあくまで自分の内的な確信であって、現実の他者による承認ではないため、実際に誰かに認められた際に感じる充足感が得られるわけではない。そのため、一度「一般的他者の視点」から自分の行為の価値を確信していても、長期にわたってその価値を周囲から承認されなければ、次第に自信を失ってしまうかもしれない。またこの場合、「一般的他者の視点」から公平に判断したつもりでも、先入観から誤った判断をしている可能性も否めない。

「一般的他者の視点」は、さまざまな人生経験のなかで真摯《しんし》に自分の行為と向き合い、多様な他者の立場に立って考える努力をし続けなければ形成されないし、公平な判断を導くことはできない。だが、もし「一般的他者の視点」を確立することができるなら、私たちは承認不安を乗り越えるための重要な考え方を手に入れたことになる。それだけ「一般的他者の視点」のはたす役割は大きいのである。

三つの承認の相補的関係

以上のように、他者の承認はその対象によって三つに分けられる。①家族、恋人、親友など、愛と信頼の関係にある人間（親和的他者）による親和的承認。これは「ありのままの私」への存在そのものへの承認である。そして、②所属集団で役割関係にある人々（集団的他者）による集団的承認と、③他者一般の表象（一般的他者）を想定することで得られる一般的承認。

親和的承認は相手次第の面もあり、どんなに相手のことが好きでも、相手が「ありのままの私」を受け入れてくれるという保証はない。これに対して、集団的承認は努力次第で手に入れることができる。それは、自分が属する集団の価値観に従って行動し、集団の求める役割をはたし、集団の期待に応える限り、大抵は保証されている。そこで私たちは、親や恋人、親友の愛情あふれる親和的承認に恵まれないとき、仕事やサークル活動など、自分を認めてくれる集団を求め、集団的承認によって承認不安を払拭しようとするものだ。逆に、集団の人間関係に恵まれず、不当に評価されて集団的承認が得られなかった場合でも、親和的承認を与えてくれる人がいれば救われるし、「一般的他者の視点」によって、自らの行為・知識・技能の価値を確信し、自己納得を得る道もある。

このように、三つの承認は相補的な関係にあり、各々の承認の欠落を補い合うことができる。私たちは、すでにそのバランスのなかで生きているのである。

浅野いにおの漫画『ソラニン』（小学館、二〇〇六年）には、このような承認の相補的関係が見事に描かれている。

ＯＡ機器メーカーで働く芽衣子は、毎日、コピーなどの瑣末《さまつ》な業務に追われ、会社に嫌気がさしている。一流企業なので給料も高く、社会人としての承認も周囲から得ているが、社内で仕事が特別に認められるポジションでもなく、集団的承認の満足度はかなり低い。しかし一方で、彼女には同棲している恋人の種田がおり、親和的承認を享受している。芽衣子が会社を辞めたいと口にすると、種田はこう助言する。「辞めちゃいなよ。本当に芽衣子がそうしたいなら」「たとえ誰かに馬鹿にされたり、将来が真っ暗で見えなくなったり、行きつく先が世界の果ての果てだったとしても、芽衣子と俺は一緒なんだから」。彼女は思わず彼に抱きつき、翌日、辞表を提出する。「ありのままの自分」を受け入れてくれた種田の親和的承認にすがり、かろうじて繋ぎとめていた会社の集団的承認に見切りをつけるのだ。

しかし、芽衣子はゆるい幸せのなかで、時折こう感じるようになる。「自分が社会にまるで貢献していないのを思い出して、まるでこの世に存在しない、死人のような気分になって、すごく怖くなる」。これは集団的承認や一般的承認など、社会的な承認の欠落感を実にうまく表している。

一方で、彼女はフリーターをしている種田に、ミュージシャンになる夢をあきらめてほしくないと詰め寄り、煮え切らない態度の彼に対してこう叫ぶ。「種田は誰かに批判されんのが怖いんだ!!　大好きな大好きな音楽でさ!!　でも、褒められてもけなされても、評価されてはじめて価値が出るんじゃん!?」と。芽衣子は種田にも「ありのままの自分」でいてほしい、と願っている。それは音楽をしている種田であり、夢を追っている種田にほかならない。しかしそれは、いまの「ありのままの彼」を批判する発言でもあり、親和的承認に充足せず、社会からの一般的承認を目指せ、と言っているようなものだ。そこには、彼女自身の社会的な承認の欠落感を埋めようとする無意識の心理が働いている。

しかし、種田はバイクの事故で死んでしまい、芽衣子は大きな悲しみに襲われる。それは同時に、最愛の人間による親和的承認の喪失をも意味していた。その後、種田の荷物を引き取りにきた彼の父親から、「アイツがいたということを証明し続けるのが、あなたの役割なのかもしれない」と言われ、ギターを手にして、種田のバンド仲間と音楽活動をはじめる。それがいまの自分の役割であり、自分が生きている意味なのだ、と自分自身に言い聞かせるかのように。

もちろん、素人の芽衣子が音楽で一般的承認を享受する可能性は低いし、そんなことは彼女もわかっている。それでもバンド仲間たちの親和的承認および集団的承認に支えられ、彼女は少しずつ自分の気持ちにけりをつけていくのである。

自己価値と「生きる意味」

三つの承認の相補的関係は、人間がいかに強く承認を求めているのかを如実に示しているが、では一体なぜ、私たちはこれほど他者の承認を求めてやまないのだろうか。

親和的承認は「ありのままの私」を認めることであり、いわば私の存在価値に対する直接的な受容だが、集団的承認と一般的承認は、価値ある行為・知識・技能を介して存在価値を認めることである。よい行いをすれば「よい人間」として認められ、優れた知識や技能を披露すれば「優れた人間」として評価される。また、所有物への賞賛も自己への賞賛として感じられる面がある。それらは結局、自己の存在価値（自己価値）に対する承認として捉えられるのだ。

すでに述べたように、ヘーゲルは人間の欲望が「他者に認められたい」欲望であることを明らかにしたが、同時に彼は、それが自分の存在価値（自己価値）を求める欲望であることを深く理解していた。コジェーブの次の文章は、この点についての明確な説明と言える。

他者の欲望を欲すること、これは、究極的には、私がそれである価値もしくは私が「代表」する価値が、この他者によって欲せられる価値でもあることを欲することになる。すなわち、私は他者が私の価値を彼の価値として「承認する」ことを欲するのであり、私は彼が私を自立した一つの価値として「承認する」ことを欲するのである。換言すれば、人間的欲望、人間の生成をもたらす欲望、自己意識つまりは人間的実在性の生みの親としての欲望は、いかなるものであれ、終局的には、「承認」への欲望に基づいている。（『ヘーゲル読解入門』一九八〇年、上妻精他訳、国文社、一九八七年）

私が他者に欲望されること、それは私が欲望されるだけの価値ある存在であること、私の存在価値が承認されることを意味している、そうコジェーブは言っている。人間は動物と異なり、自己価値のためには生命の危険をも顧みない面があり、誇りのために死を賭して行動したり、自尊心を傷つけられて自殺する場合もある。なぜなら、自己価値が承認されることは、ただ単に生きることを超えた、「生きる意味」を与えてくれるからだ。もし自分の存在価値が認められなければ、私たちは「生きる意味」を見失い、逃れがたい虚無感と抑うつ感に襲われてしまうだろう。

承認への欲望とは自己価値への欲望であり、それは自らの存在価値を問い、「生きる意味」を求めることである。私たちがこれほど他者の承認を求めてやまないのは、このような人間存在の本質に根ざしている。

自己承認への道

「人は常に生きる意味を探し求めている」(『〈生きる意味〉を求めて』一九七八年、諸富祥彦監訳、春秋社、一九九九年)と終生主張し続けたヴィクトール・E・フランクルは、アウシュビッツの強制収容所において、次のような光景を目にしている。

まず「生きる意味」を失い、自殺を試みる人々、無感動になった人々が大勢いた。彼らは何かを創造する機会も愛や感動の機会も奪われ、まさに誰からも自分の存在価値を承認されない状況にあったと言える。しかし一方では、無感動を克服し、他の人々にやさしい言葉をかけたり、パンの一片を与えている人も少なからず存在した。フランクルによれば、この自己犠牲的な人々は「与えられた事態にある態度をとる人間の最後の自由」(『夜と霧』一九四七年、霜山徳爾訳、みすず書房、一九五六年)を保持していたのであり、この自由こそが自らの態度に「生きる意味」を持たせていたのである。

なるほど、人間は承認だけでなく自由を求める存在であり、自由なくして幸福な人生を歩むこと、生きているよろこびを感じることは難しい。しかし厳密に考えると、「生きる意味」は「自分は生きるに値する」という自己の存在価値に対する確信と直結しており、この確信は他者の承認と無関係ではあり得ない。

たとえば、「一般的他者の視点」から自らの行為を吟味し、誰もがその行為の価値を認めるはずだ、という考えに至った場合、具体的に誰かに承認されなくとも、一定の納得感は生じるはずだ。そこには「これは十分価値のある行為であり、それをしている自分にも存在価値はある」という暗々裏の確信が生じている。そしてこの確信を生み出しているのは、内面において想定された他者一般の承認なのである。

フランクルが収容所で見た献身的な人々は、その行為をためらいなく遂行しており、いちいち「一般的他者の視点」から内省して行動したわけではないだろう。しかし、自覚的ではないとしても、心のどこかで他者一般の承認を想定していたはずである。そうでなければ、それは他者の意見(価値判断)に耳を貸そうとしない行為であり、自分で勝手に正しい行いだと信じているにすぎない。「正しい行為をして他者を助けたい」という思いがあるなら、承認欲望の有無にかかわらず、「一般的他者の視点」から他者に承認され得る行為か否か、考えざるを得ないのだ。

無論、この献身的な人々は、内面に慈愛に満ちた道徳観がすでに確立されていて、その価値観から判断して行動した可能性もある。そうだとしても、そのような価値観は単に道徳教育の成果というより、幼い頃から困っている人を繰り返し助け、その都度、相手に感謝され、周囲の人々から賞賛された経験が、つまり他者に承認された経験が少なからぬ影響を与えている。つまり、こうした価値観の形成には他者の承認が深く関わっているのである。

では、このような価値観の形成に際して、がんばっても親に見向きもされない、過剰な期待や要求を向けられる、周囲から不当な批判や中傷を受けるなど、他者の承認という契機に問題が生じた場合はどうなってしまうのだろうか。たとえば、「一般的他者の視点」から内省する力が育たず、周囲の言動に追随してしまうようになるかもしれない。あるいは歪んだ価値観が形成され、人間関係に絶えず軋轢《あつれき》をもたらすようになることも考えられる。

そもそも人はどのようにして承認への欲望を持つようになるのだろうか。他者の承認を介して価値観や「一般的他者の視点」が形成されるとしても、具体的にはどのような条件の下で、いかにして形成されるのだろうか？

次章ではこれらの問いに答えるために、人間の心の発達プロセスに焦点を当ててみることにしよう。

第3章　家族の承認を超えて

発生論的観点からの考察

私は三歳になる娘を保育園に迎えにいくと、いつもそのふるまいに驚かされる。遊んだ後は必ずおもちゃや絵本を片づけ、食事は遊ばずきれいに食べ、ブランコや三輪車の使う順番を守り、きちんと並んで先生の話を聴いている。もちろん、家でもそれなりに言うことをきくが、遊び食べをしたり、おもちゃは散らかしたままのことが多く、まだまだ保育園のレベルからは遠い。

なぜ先生の言うことはきくのに、親の言うことはきかないのか、保育園ではルールを重視するのに、家ではしばしばルールを破るのか、最初は不思議で仕方がなかった。しかし、問題を親和的承認と集団的承認の違いに注意して考えることで、私はようやく事態を飲み込むことができた。

先生たちの指導は決して強制的な命令という感じではなく、むしろ優しい表情と声の響きに満ちている。それにもかかわらず、娘が保育園で規則正しく生活できるのは、そこに集団的承認のよろこびがあるからだろう。ルールを守れば先生にほめられ、友だちとも仲よく遊ぶことができる。こうしたことが繰り返されることで、集団的承認のよろこびを知り、積極的にそれを求めるようになった、と考えられるのだ。

とはいえ、私や妻だって娘がルールを守ればほめているし、むしろ親のこうした反応こそが、最初に価値ある行為に対する承認のよろこびを生み出し、ルールを守りはじめたはずなのだ。それなのに、保育園では急速にルール感覚を身につけているのに、家庭ではなかなか進展しない。むしろわざとルールを破り、ときに反抗的な態度も見せてくる。

私は娘のそうした態度に直面すると、その場では説教をするのだが、後になると、あれは「ありのままの自分」を受け入れてほしい、というメッセージなのかもしれない、と思えてくる。娘もルールを守って親にほめられれば、当然嬉しい。しかし一方では、ルールを守らなくても自分を愛してほしい、あるがままの自分を認めてほしい、という思いがあるのではないだろうか。彼女が親に求めているのは集団的承認よりも親和的承認なのである。

無論、やがては娘も親のルールをもっと受け入れるようになるだろう。だがそれは、親の強圧的な命令の繰り返しによって親和的承認をあきらめ、ルールを受け入れるしか親に承認される道はない、という動機からであってはならない、と私は思う。それだとルールや社会性は早く身につくかもしれないが、親の承認に執着するようになり、過度に「いい子」を演じて、早晩、自己不全感によって苦しむ可能性が高いはずだ。親和的承認の安心感があってこそ、強い不安からではなく、賛美されるよろこびからルールを守るようになり、価値ある行為を積極的に行えるようになる。こうした欲望は保育園などにおける集団的承認を介して一層強くなり、やがて一般的承認さえ求めるようになり、「一般的他者の視点」を形成するにちがいない。

もっとも、こうした考えが理論的に正当性を持つか否かについては、人間の心が幼少期からどのように発達し、どのような経緯で各々の承認欲望が生まれたのか、その発達プロセスを具体的に考えてみる必要があるだろう。それは、親和的承認、集団的承認、一般的承認という三つの承認への欲望がいかにして生じるのか、「一般的他者の視点」が生み出される契機は何か、といった問いに答えを見出そうとする作業にほかならない。まさにそれこそが、この章のテーマである。

この考察において、私は発達心理学、乳幼児精神医学、精神分析などの知見を援用するつもりだが、基本的には現象学的な観点からの本質分析（本質観取）を中心とする。これはフッサールが「発生的現象学」と呼んだ分析方法であり、欲望のような幼少期から身体化されている領域は、本質観取においても発生論的観点が有効になる。

では早速以下において、承認欲望の発生とそのゆくえを追ってみることにしよう。

承認欲望の起源

生まれたばかりの乳児には、まだ生理的欲求だけしか存在しない。空腹になればミルクを求めて泣き、オムツが濡れて不快になれば泣き、眠たくなればやはり泣き叫ぶ。そこにあるのは身体的な不快感を解消したい、「身体的快」（身体のよろこび全般）を維持したいという欲望にすぎない。

しかし徐々にあやし笑いも見られるようになり、生後四ヵ月を過ぎた頃から、授乳も遊び飲みが増え、じっと母親の顔を見つめたり、ニコッと微笑んだりしはじめる。生後六ヵ月になると、乳児が腕の上げ下げをするようなリズミカルな動作に対して、母親が同じテンポで手を打ったり、頭を動かしたりすれば、乳児は嬉々としてその動作を続けるようになる。乳幼児研究で有名なスターンが「情動調律」と呼んでいるこの現象が示しているのは、乳児は単に空腹が満たされた充足感や身体を動かす楽しさだけでなく、母親との関係そのものによろこびを見出している、ということだ。

またよく知られているように、この時期には、母親にしがみつき、後を追い、母親の姿が見えなくなるだけで泣き叫ぶ、といった行動が見られる。精神科医のボウルビィはこれを愛着行動と呼び、母親と離れる不安（分離不安）の現われと見なしているが、それは母親との関係性のよろこびを維持しようとする欲望にほかならない。

このように、身体的快への欲望に続いて、それに付随するかたちで「関係的快」（他者関係そのもののよろこび)への欲望が生じてくる。そしてこれ以後、関係的快への欲望は身体的快への欲望を超えるほど、子どもにとって重要なものになる。

精神分析家フランソワーズ・ドルトの著書『子どもの無意識』（一九八七年）に、こんなケースが報告されている。ある母親が母乳で赤ちゃんを育てていたが、病気で入院することになり、しばしの間、赤ちゃんと引き離されることになった。ところが赤ちゃんは哺乳瓶でミルクを与えようとしてもまったく受けつけず、飢餓状態に陥ってしまったのだ。しかし、ドルトの助言によって、入院中の母親が身に着けている下着（母親の匂いがついたもの）を持ち帰り、それを哺乳瓶に巻きつけて赤ちゃんに与えると、赤ちゃんはその哺乳瓶からミルクをゴクゴクと飲みはじめたのである。

この場合、母親の匂いがついた下着は、そこに母親が存在することを確信させるための重要なアイテムになっている。乳児にとって母乳を飲むという行為は、最初は単に空腹を満たすための行為だが、そのうち母親の存在を感じながら飲むことが大きなよろこびになる。身体的快にともなう関係的快が次第に重要性を帯び、やがて身体的快を超えて求められるのだ。

こうした関係的快への欲望は、「自己価値」（自分の存在価値）への承認を求める欲望の重要な発生契機となる。なぜなら、子どもは母親との愛情的関係（関係的快）のなかで、はじめて自分の存在が肯定されている（承認されている）、という感触を得ることができるからだ。

乳児にとって、母親は自分の不快感をすべて排除し、常に欲求を満たそうとしてくれる存在だ。授乳によって空腹を満たし、オムツを替え、優しくなでてくれる。そのため乳児期から幼児期にかけての子どもは、自分は存在するだけでよろこばれている、無条件に受け入れられ、愛されている、と感じるようになる。これは親和的他者による最初の親和的承認の経験であり、子どもはこの時期に特有な万能感のなかで、自己に対する「無条件の承認」を実感する。この充足感こそ、自己価値に対する承認の欲望を生み出すことになる。

このように、「身体的快」から生じた「関係的快」は、原初的な親和的承認の充足感を生み出し、以後、「自己価値」への承認が求められるようになる。もちろん、この段階の承認欲望はまだ萌芽的なものにすぎず、自己価値への意識的な欲望はおろか、明確な自己意識さえも存在しない。そもそも無条件の親和的承認にくるまれている間は、いかなる承認の欠乏感もなく、したがって積極的に承認を求める動機は存在しないのだ。

しかし、やがて他者の姿や鏡に映った自分の姿を目にすることで身体像が形成され、また「〇〇ちゃん、いい子ね」といった数々の言葉を耳にすることで、他者（特に母親）から見た自分はどのような存在なのか、少しずつ意識できるようになる。この認識能力の発達にともなって、ある種の承認の欠乏感が生じるため、より明確な自己価値への承認欲望が生み出される。

親和的承認と第一次反抗期

子どもが母親の「無条件の承認」を感じる期間はさほど長くは続かないが、その理由は二つある。ひとつは、母親が幼児の欲求に完全には応えられなくなるため。もうひとつは、母親が次第に多くの要求と期待を子どもに向けるようになるためだ。

児童の精神分析で有名なウィニコットは、次のような主張をしている。

乳児の世話をする母親は、最初の一年間は赤ちゃんの育児に没頭し、子どもの欲求にほぼ完全に応えようとする。そのおかげで、赤ちゃんは一種の万能感に満たされるわけだが、母親は次第に疲弊し、完全には対応できなくなり、「完全によい母親」ではなく、「適度によい母親」、「ほぼよい母親」に移行する。それは子どもが次第に幻想的な万能感から離れ、現実認識を高めるために必要な移行だと言える。「初めは幼児の欲求にほぼ完全に適応し、その後時間の経過に伴い、母親の不在に対処する幼児の能力が次第に増大するのに応じて、徐々に適応の完全さを減らしていく母親」(『遊ぶことと現実』一九七一年、橋本雅雄訳、岩崎学術出版社、一九七九年）、それが子どもにとっては望ましい母親なのである。

そもそも一歳を過ぎると子どもの欲求は次第に細分化し、場当たり的な要求も増えるため、これを完全に満たすことなど、どんな親であれ不可能である。もし仮に子どもの欲求を完全に満たせる親がいたとしても、ウィニコットの指摘するとおり、子どもの現実認識を著しく遅らせ、依存的で自己中心的な性格を形成するだけだろう。

本当に子どもを愛している親は、子どもの欲求をすべて満たすのではなく、子どもが生きていく上で必要な知識やふるまいを身につけさせ、自分の力で多くのことができるように配慮する。子どもの幸せや健康を願っているからこそ、子どもに対してさまざまな要求を向けるようになる。

たとえば排泄を知らせ、トイレで排尿、排便ができるようになること。食事中は遊ばず、できるだけ好き嫌いせずに食べること。周囲の人に挨拶し、機嫌よく過ごすこと。また、散らかした物は片づけ、親の言うことをよく理解し、危険な物や場所には近づかないこと。

「そんな危ないことしちゃだめ！」「遊んだら、片づけといてね」「自分でできるかな？」といった母親の言葉に対し、子どもはその要求や期待に応えようとする。母親の要求に応えれば、母親は笑顔で「よしよし」と頭をなでてほめてくれるし、要求に応えなければ、母親は怒ったり、失望した表情を浮かべるからだ。つまり、母親の要求に応えることは、愛と承認を得るために必要なことだと認識しはじめる。そして、もっと親に愛されたい、もっと自分のことをほめてほしい、という動機によって、親の期待や命令をますます重視するようになる。

こうして、何もしなくとも愛され、認めてもらえるような、原初的な「無条件の承認」は感じられなくなる。親の愛と承認を得るためには、親にとって「価値ある行為」が必要だと感じるようになり、そうした行為によって承認を得ようとしはじめる。

すでに述べたように、所属集団や世間、社会から承認を得る場合には「価値ある行為」が必要であり、それは集団的承認や一般的承認の特質であった。ただこの段階では、親にとって価値ある行為だけが問題になっており、親以外の人々にとっても価値があるかどうかは意識されていない。そこでは価値の一般性は度外視されている。子どもが求めているのは、親の愛情をともなった親和的承認だが、そこから集団的承認や一般的承認を獲得する基盤が形成されるのだ。

ただし、いくら親和的承認を得るためとはいえ、無条件に受け入れられていた乳児期からすれば、それは気分の赴くままに行動する自由が抑制された状態である。しかも親の求める行為の価値もまだ十分に認識できないので、欲求不満が生じやすい。そのため、一方では親の要求を受け入れ、さまざまなことを学びながらも、しばしば親に反抗し、親の要求を拒否するようになる。

このような反抗的態度、わがままな態度は、無条件に自分を受け入れてほしい、あるがままの自分を受け止め、愛してほしい、という思いの現われである。二歳ぐらいになれば、母親の言うことを聞かず、反抗すれば母親が困ることはわかっているし、自分が悪いことも少しずつ理解できるようになっている。それでもぐずったり、泣き叫び、母親の要求をわざと拒絶するのは、心のどこかで母親の無条件の愛と承認を信じ、それを確かめたいからだ。この時期は第一次反抗期（一歳半〜三歳頃）とも呼ばれるが、それはおそらく、こうした子どもの心理から生じるのであろう。

しかし一方では、よい行い、ユニークな歌や踊り、面白い絵や工作などをほめられる経験は、無条件の承認とは異なった、新しい承認のよろこびを生み出すことになる。そのため、家では親に反抗して言うことを聞かないのに、保育園では集団行動ができる、先生にほめられる行為を積極的にやる、といった現象も生じやすい。そして、こうした「価値ある行為」への承認欲望が強くなると、それは当然、母親に対しても向けられる。母親が子どもへの対応に失敗しない限り、子どもは母親の愛を失う不安よりも、母親にほめられたいという欲望のほうが強くなるのだ。

こうして、幼児はある程度まで母親の要求や期待に応え、母親の満面の笑みと愛情あふれる言葉を得ることで、徐々に第一次反抗期を脱していく。母親の愛情を信じている限り、また母親の要求や期待が過剰なものでない限り、こうした「価値ある行為」への承認は、親和的承認と同じような安心感をもたらすことだろう。この安心感があるからこそ、子どもは保育園や幼稚園といった集団のなかで、集団的承認の獲得に取り組むことができるのだ。

「価値ある行為」の一般性

子どもが親の要求や期待を受け入れるようになると、親の要求する行動を身につけ、親のルールを内面化した行動規範を形成する。この身体化されたルール（内的な行動規範）のことを、以下、「自己ルール」と呼ぶことにしよう。

自己ルールは最初、親の要求や期待を受けて形成されるので、親の行動規範や価値観を直接反映したもの、ほとんどコピーしたものになりやすい。そのため、フロイトはこれを「超自我」と呼び、大人になっても親の命令が無意識のうちに支配する、と主張している。しかしそれは神経症者についての話であり、一般的には、成長するにしたがって親の価値観と行動規範は相対化され、自己ルールは一般性を有するものへと修正される。言い換えれば、より多くの人が承認し得るような考え方、行動様式を身につけるのだ。

発達心理学者のジャン・ピアジェは、「嘘は悪いかどうか」を複数の子どもたちにインタビューしているが、その調査結果は自己ルールの一般化を考える上で、実に興味深いものだ（『思考の心理学』一九六四年、滝沢武久訳、みすず書房、一九六八年）。

まず五歳以下の幼児は、大人（親）への嘘は悪いことだが、子どもへの嘘は悪くない、と断言している。また「学校でいい点をとった」という嘘と「犬が牛のように大きかった」という嘘では、後者のほうが（大人にすぐばれるので）より悪い、と答えたのだ。このことは、子どもが大人＝親に嘘をつかないのは、親の愛を失いたくないためであり、決して「嘘は誰に対しても一般的に悪い」と認識しているわけではないことを示している。

しかし七歳以降になると、誰に対しても嘘は悪い、嘘をつけば誰もが怒り、非難するだろう、と考えられるようになる。多くの他者に共通する一般的な価値判断に考えが及び、他の人々の一般的な反応が想像できるようになるのだ。それは、「親に対してのみ嘘は悪い」という自己ルールが、「誰に対しても嘘は悪い」という一般性のあるものへ変更され、誰もが認め得るような一般的な反応・態度を身につける、ということでもある。

このような誰もが示す反応、一般的な態度のことを、社会心理学者のジョージ・ハーバート・ミードは「一般化された他者」の態度と呼んでいる。たとえば野球では、どのようなときに、どのような反応（プレー）が必要とされるのか、その一般的な反応・態度を認識しておく必要がある。幼児期の「ごっこ遊び」が特定の他者の態度を想定しているのに対して、学童期の「規則のあるゲーム」では、参加する複数の他者の態度が単一の態度に結晶され、その集団が期待する一般的な態度が想定されているのだ（『精神・自我・社会』一九三四年、稲葉三千男他訳、青木書店、一九七三年）。

では、なぜこうした他者一般の反応・態度を想像し、それを考慮するようになるのだろうか。なぜ自己ルールは一般性のあるものへと修正されねばならないのだろうか？それは、親以外の人々の承認を求める欲望が強くなったためだと考えられる。他の子どもたちや大人との関係が深まるなかで、彼らからも愛されたいし共感を得たい、嫌われたくない、と感じるようになり、彼らの要求や期待を無視できなくなるのである。

先にも触れたように、保育園や幼稚園などで集団生活を送るようになれば、ルールを守ることで周囲にほめられ、友だちの共感も得られるようになる。粘土やブロックで表現したものを、他の子どもや大人が「わあ、上手だね」「きれいだね」と言えば、また、他の子どもとゲームをして勝ったり、運動を上手にこなし、賞賛や羨望を得ることができれば、価値ある行為や知識・技能が承認されるよろこびに目覚め、それを積極的に求めるようになる。これが原初的な集団的承認のよろこびであった。

自己ルールはこうした集団的承認への欲望に押されて、親だけでなく周囲の人々が共通して認めるような、より一般性のあるものへと修正される。親に「嘘をついてはいけない」と命令され、内面化された自己ルールは、最初は親の要求をコピーしたものにすぎない。しかし、やがて他の人に対しても「嘘をついてはいけない」と考えられるようになり、このルールは徐々に他者一般に適用されるものへと修正される。このプロセスに障害がなければ、自己ルールは大人になった時点で一般的承認に見合ったものになるのである。

母親の示唆する第三者

社会の一般的承認を得るためには、価値の一般性（普遍性）を吟味できる力が必要である。自己ルールが他の人々と共通了解可能なものに形成されるか否かは、こうした価値判断に多くを負っている。そうでなければ、出会う人次第で価値判断や自己ルールの修正がその都度左右され、多様な価値判断のなかで混乱してしまうだろう。

だが、価値の一般性を判断するためには、さまざまな人間の立場に立ってみる想像力、およびそこから一般性を抽出する思考力が必要になる。つまり「一般的他者の視点」を持つことが必要になるのだが、それは一朝一夕に成り立つものではなく、学童期から思春期、青年期を経て、徐々に形成されるのだ。

その最初の契機になるのは、幼児期において、母親が第三者を介して他者一般の価値判断を示唆することにある、と私は考えている。

幼児は母親の愛を維持するために、母親の要求にある程度までは従うが、母親が守るように促すルールに（誰もが正当な要求だと見なすような）一般性があるという認識はない。そのため、自分を無条件に愛してほしい、受け入れてほしい、という気持ちに押され、最初のうちはしばしば母親の要求を拒否することになる。そこで母親は、幼児がなかなか自分の言うことを聞かないとき、第三者を引き合いに出して、自分の要求に正当性を持たせようとする。

父親の権威が維持されている家庭なら、母親はしばしば父親の権威をだしにして、子どもにルールを守らせようとするだろう。「そんな悪いことばかりしていると、お父さんに怒られるよ」と母親が叱るとき、子どもはこうした言葉によって、母親が要求するルールは母親が勝手に言っていることではなく、母親は父親の要求に従っている、と感じるようになる。母親を超えたところにルールの源がある、と感じはじめるのである。

フロイトのエディプス・コンプレックス理論によれば、四、五歳の男の子は母親を愛し、父親を邪魔だと感じて無意識のうちに憎んでいるが、父親に対する去勢不安によって、この欲望は抑圧される。この去勢不安の原因は、子どもが性器をいじっているのを母親が見つけ、威嚇《いかく》したことによるもので、「通常、この威嚇をもっと恐ろしく、本当らしく見せかけるために、母親はその威嚇の実行を父親に委ね、このことを父親にいいつけたら、父親は性器を切り取ってしまうだろう、といって脅かすのである」(「精神分析学概説」一九四〇年、『フロイト著作集9』小此木啓吾訳、人文書院、一九八三年)。こうして母親への独占的な愛をあきらめ、父親の命令を受け入れ、社会的なルールの世界へ参入する、というのがフロイトの主張である。

こうしたエディプス・コンプレックス理論は、これまで荒唐無稽《こうとうむけい》な物語として多くの批判を浴びてきた。しかしこの理論の本質は、母親の語る父親が彼女の要求を権威づけていること、それは子どもを一般的なルール、社会秩序の世界へ誘う効果を持っていることにあるのだ。精神分析医のラカンが述べているように、重要なのは「現実の父親」ではなく「母親の語る父親」なのである(「精神病のあらゆる可能な治療に対する前提的問題について」『エクリⅡ』一九六六年、佐々木孝次他訳、弘文堂、一九七七年)。

ただしラカンとフロイトは、父親の役割と去勢不安の問題を過度に重視しすぎている。それでは現代の日本のように、父親の権威が弱く、去勢の威嚇を与える習慣のない社会では、あまり実感として理解することは難しいだろう。

しかし重要なのは、母親あるいはそれと同等のもっとも身近な親和的他者が、第三者を介して一般的なルールや価値観を示唆する点にこそある。この場合、第三者は父親でなくともよいし、無論、その内容は去勢威嚇でなくともよい。むしろ父親だけを重視しすぎれば、家族内での閉じたルールに縛られ、社会にうまく開かれていかない可能性さえある。

たとえば子どもが悪さをしたとき、母親は保育園の先生の名前を挙げて、「悪いことしたら、先生に怒られちゃうよ」と言ったり、「○○先生が〈だめだよ〉って言ったでしょ」などと注意することがあるだろう。また、ふだんから子どもの目の前で、先生たちに敬意をはらった態度を示している。このことによって保育園の先生は、外の世界に存在する諸ルールを理解した社会の代弁者として、父親以上の権威を持つことさえある。先生たちは、子どもが第三者の視線を意識し、一般的なルールの存在を自覚する上で、大きな働きを有しているのだ。

また、母親の示唆する第三者は、何も権威ある存在だけではない。

母親が子どものいたずらやわがままに対して、「○○ちゃんは、そんなことしないよ」「ほら、××くんを見てごらん、ちゃんとやってるでしょ」と、しばしば他の子どもをだしにして反省を促すことがあるだろう。ときには個人名ではなく、「みんなが守ってることだよ」とか「そんなことしてたら、みんなに笑われちゃうよ」など、「みんな」といった言葉が使われる場合もある。

これによって、子どもは母親の要求するルールが自分だけに適用されるものではなく、また母親が勝手なルールを押しつけているのでもなく、「○○ちゃん」も「××くん」も、そして「みんな」が守らねばならないルールである、と理解しはじめる。他の子どもがルールを守って親にほめられている姿、あるいはルールを破って親に叱られている姿を目にすることで、その確信はさらに強くなる。そして、子どもは多くの人々を含む広い世界で成り立っている社会規範、一般的なルールや価値観を意識するようになるのだ。

こうして幼児は母親と二人だけのルール、あるいは家族内の閉じられたルールを超えて、広く社会一般に浸透したルール、多くの人々が共有しているルールの世界へと足を踏み入れる。それはまた、二者関係を超えた第三者の視点が形成されたことを意味している。

もちろん、最初は保育園の友だちやその親、近所の大人など、身近に接する人たちの承認を求めるがゆえに、彼らの視線を意識するだけにすぎない。しかし、母親の示唆する第三者はしばしば身近な人々を超えており、しかも本やテレビなどで多様な他者の存在を知れば、第三者の視点はより一般性のある価値判断ができるようになる。こうしてそれは、少しずつ「一般的他者の視点」に近づいていくのだ。

「一般的他者の視点」は、親の言動や価値観を相対化し、価値の一般性を判断する上できわめて重要である。親の要求や期待・考え方を基盤として形成された自己ルールや価値観も、身近な他者の言動から修正するだけでなく、「一般的他者の視点」から内省し、より一般性のある自己ルールや価値観に修正するようになる。多くの人が正しいと思うかどうか、誰もが価値ありと判断するかどうか、他者一般の見方、判断を想定できるようになるのだ。

無論、こうした公正な価値判断が可能になるのは「一般的他者の視点」が成熟した場合であり、幼児期を終えたばかりの子どもにとって、この視点はまだ萌芽的なものにすぎない。そこで次に、「一般的他者の視点」が学童期、思春期、青年期の困難をくぐり抜けて成熟するプロセスについて、さらに詳しく追ってみることにしよう。

集団的承認の呪縛

より多くの人間から賞賛や共感、承認を得たいと望むようになれば、それだけ「一般的他者の視点」から価値判断する必要性は高くなる。だが、最初のうちは「一般的他者の視点」も自己ルールの一般性も弱いため、自分自身の力で公正に価値判断することは難しい。そのため、身近に接する人間の価値判断を過大に重視し、その言動に左右されやすい状態にある。その際、特に重要になるのが友だち関係、仲間集団である。

小学生になると、自分のやった行為や習得した知識・技能に対する承認を積極的に求めはじめるため、母親に対する過度の愛情要求は抑制されるようになる。フロイトがこの時期を性欲が抑圧される潜伏期と名づけたのはそのためだ。しかも「一般的他者の視点」はまだ弱いため、身近な他者、特に学校のクラスメイトなど、自分の所属集団の仲間（集団的他者）から承認されるか否かが、自己価値を測る重要な指標となる。そのため、所属集団のルールや価値観が強い影響力を持つ時期でもある。

子ども集団に独自のルールは、ほとんどの場合、場当たり的な遊びのルールであり、大人にとっては無意味なものにすぎない。しかし集団に属する人間にとっては、仲間の承認を維持する上できわめて重要なルールである。それはしばしば外部の人間には秘密にされるのだが、密約を交わすことで集団の結束は固くなり、強い仲間意識が生じてくる。集団のルールを介してお互いの役割を認め合った関係になり、承認の欲望もある程度まで満たされる。

しかし、こうした子ども集団におけるルールの独自性は、ときとして親の要求や社会秩序、世間の道徳観に抵触し、困った問題を引き起こすことも少なくない。

たとえば、同級生の一人をターゲットにして、その子と口を利いてはいけない、というルールができたとしよう。この場合、子どもは仲間の承認（集団的承認）への執着が強いほど、所属集団のルールや価値観に疑問を抱かず、むしろ積極的にその掟の維持に荷担する。だが「一般的他者の視点」が年齢相応に形成されていれば、クラス以外の人々がその行為をどう判断するか、小学生であってもおおよそ見当がつくだろう。いじめや差別が悪いことは、親や先生も常日ごろから言っているし、多くの人がこの行為を悪いと判断することも十分に想像できる。

もっとも、この時期における「一般的他者の視点」はまだかなり弱い。それに、子ども集団のルールが合意に基づいているといっても、集団のボスが一方的にルールを強制する場合も少なくない。「あいつと口を利いたら、みんなお前とは口を利かないからな！」というように。この場合、ルールを破ればクラスのみんなから白い目を向けられ、結果、誰も口を利いてくれなくなり、集団的他者の承認を失ってしまう。たとえルールの間違いが認識できたとしても、仲間はずれにされる不安から、なかなか逆らうことができないのだ。

しかし一方では、こうした経験はルールの妥当性を考える絶好の機会となり、「一般的他者の視点」を形成する上で重要な経験となる。集団内部で合意されたルールであっても、集団以外の人々に受け入れられる行為か否かを考えたり、親のルールや社会のルールと比較することは、自分自身の価値観や自己ルールを相対化する上でも役に立つ。その際、テレビや新聞、映画、小説、漫画などの媒体に接し、多様な人々の考え方を知ることも必要になるだろう。こうして徐々に、「一般的他者の視点」から考えることが可能になる。

しかし、このような発達プロセスが急速に進展するわけではないし、「一般的他者の視点」も一朝一夕には成り立たない。青年期まではまだ「一般的他者の視点」が弱く、また人間関係も限定された狭い世界にとどまっているため、どうしても仲間集団（集団的他者）の承認ばかりが重要になり、集団のルールに従属してしまいやすい。それが間違ったルールだと薄々わかっていても、仲間はずれにされる不安があるため、なかなかルールを破れないのだ。

自己中心的な自己承認

「一般的他者の視点」が十分に成熟していれば、多くの人々に自分の行為が「価値あり」と承認されるか否か、ある程度まで自分の力で判断することができるし、その分だけ周囲の人間の承認に依存しないですむ。「まわりの連中が何と言おうと、自分のやっていることは正しいはずだ」「自分が責められるいわれはない、ちゃんと見る人が見ればわかってくれる」と考えて、自分の行為の価値を信じることができる。

しかし、「一般的他者の視点」が弱ければ公正な価値判断ができないし、仮にできたとしても、誰かに賛同を得なければ自信が持てない。その判断を誰かに否定されれば、一気にその確信はゆらいでしまうのだ。そのため、周囲の承認なくして自分の存在価値を確保することは難しい。中学生、高校生が同級生の視線を過剰に意識し、仲間の言動に同調しがちなのはこのためだ。集団の偏った価値観やルールを破ることができず、くだらないと思ってもやめられないし、間違っていると思ってもやってしまう。まさに「空虚な承認ゲーム」に巻き込まれてしまうのである。

仲間に認められようとして、過度に集団のルールや仲間の言動に同調していれば、一定の集団的承認は得られるかもしれないが、自分の本音や感情を抑圧してしまうため、自己不全感は拭えない。しかも無理をしていればしているほど、ちょっとした行き違いによって批判や無視の対象となりやすい。そのため、この時期の若者の多くはつねに承認の不安に怯え、慢性的にストレスを抱えている。

この緊張状態から逃れるために、学校の仲間関係から脱け出し、集団的他者の承認をあきらめる場合もある。自信を失って家にひきこもってしまい、自己の存在価値を見失ってしまうケースもあるが、逆に他者に同調することを見下して「自分は悪くない、あの連中とは違う」と考え、自己価値を自分勝手に信じ込む場合も少なくない。まだ「一般的他者の視点」が弱く、多様な人々の立場を十分考慮することができないため、他者の視点や評価を考慮しない、「自己中心的な自己承認」に陥ってしまうのだ。

ヘーゲルは『精神現象学』のなかで「自己意識の自由」という精神のあり方について述べているが、これはこうした「自己中心的な自己承認」にかなり近いものであり、この精神は「ストア主義」「スケプチシズム」「不幸の意識」の三つに分けられる。

「ストア主義」は自分を抑制して独自性を維持しようとするあり方であり、他人の意見にかかわらず、自分は自分だと言い聞かせている。自分だけの世界に閉じこもり、他者の評価がどうであろうと、自分の存在価値を自分自身で認めて納得している。「スケプチシズム」とは、あれこれと他人の批判ばかりをして、自分だけはわかっている、自分だけは特別だ、と思い込んでいるあり方。それは懐疑主義的でシニカルな態度となりやすい。「不幸の意識」は理想的な観念にしがみつくことで自分の価値を高めようとするあり方。これは宗教や政治的イデオロギーを信奉し、われこそは正義だと叫び続ける人などが典型であろう。

これらの精神のあり方は、自分の頭のなかだけで「自分は正しい」「自分だけは真実を知っている」と思い込み、自己価値を確保する方法にほかならない。自分の存在価値を他者に承認されなくとも、自分で勝手に理屈をつけて承認しているのであり、これは青年期に抱きがちな自己中心的な思考パターンなのである。

普遍的な価値への欲望

「ストア主義」「スケプチシズム」「不幸の意識」のような自己中心的な思考のままでは、周囲の人々から見放され、誰からも社会的な承認を得ることはできない。それは他者の評価や思惑を意に介さないで自由にふるまったのだから、仕方のないことではある。自己中心的ではなく、自信喪失からひきこもっている場合でも、承認欲望が満たされないという点では同じである。

だが、人間の欲望が本質的に承認欲望である限り、他者の承認が得られない状況、自分勝手な言動によって批判されるような状況は、長く続けば耐え難いものになる。そのため私たちは、自己中心的な思考を脱け出し、あるいは集団への同調や自閉的な生活にピリオドを打ち、積極的にさまざまな他者の評価と向き合うようになる。そして他者の批判や賞賛を通して自分の行為を反省し、他者の承認を十分に考慮した判断や行為をするようになる。

これは一見すると、思春期にありがちな「他者への同調」に後戻りしたように見えるかもしれない。しかし、それはすでに特定の集団に属する他者の承認に固執せず、さまざまな他者に眼が向けられている。しかも自分の承認欲望を自覚した上での行為であるため、「自らの意志で自己を抑制し、認められる行為を選んだ」という納得がともなっている。この納得感こそ自己不全感を払拭し、自由の意識を維持してくれるのだ。

このように、他者の承認を介して自らの行為や知識・技能、作品の価値を問い直すようになると、単に身近な人々の承認だけを考慮するのではなく、より多くの人々が承認し得るような価値を求めはじめる。その行為や知識・技能、作品のなかに普遍的な価値を求めるようになるのだ。それはもはや単なる承認への欲望ではなく、行為や知識・技能、作品の価値そのものに普遍性を求める欲望であり、ヘーゲルはこの普遍的な価値を「事そのもの」と呼んでいる。

たとえばオウム真理教（現・Aleph）のように、反社会的な宗教活動を行っている人間は、その行為をどんなに周囲から非難されようと、正義のための行為だと信じている。これは他者一般の承認に耳を貸さず、自分の行為の価値と自己価値を自分勝手に承認している状態であり、ヘーゲルの分類で言えば、「不幸の意識」に相当する。しかもこの場合、一般的他者の承認は無視しても、信者同士の集団的な相互承認があるため、なかなか閉鎖的な意識から脱け出せない。

しかし、その信仰をゆるがすような何らかの出来事や出会いをきっかけに、信者以外の人々の考えや評価を意識するようになれば、より多くの人々が正しいと思う行為とは何か、誰もが認める「ほんとうの正義」とは何か、あらためて問い直すことができるだろう。そして、さまざまな人々の賞賛や共感、批判を糧にして、より普遍性のある正義を求めるようになる。この「ほんとうの○○」という普遍的な価値そのものこそ、ヘーゲルの言う「事そのもの」である。

こうしたプロセスは、青年期の自己中心的な自己承認を卒業し、多くの人間が承認するような普遍性のある価値を意識して行動するようになる、という精神の成長を示している。なるほどこうしたヘーゲルの考え方は、かなり説得力のあるものだ。しかし一方では、人間が価値の普遍性を検証し、判断するためには、単に現実の他者の承認（および否認）を経験するだけでなく、経験にともなう内省が必要であり、この内省は「一般的他者の視点」からの内省でなければならない、と私は考える。

他者の賞賛や批判を経験しても、単にその評価を受け入れ、鵜呑《うの》みにするだけでは、やはり世間への迎合、周囲への同調とあまり変わらないだろう。しかし、そこに自分の行為の価値をより一般的な他者の視線から見つめなおす作業がともなうなら、それは他者の意見にふりまわされるだけではない、それでいて「自己中心的な自己承認」でもない、自分の自由な意志による判断・行為と言ってよいのである。

一般的他者の視点

すでに述べたように、「一般的他者の視点」の萌芽はすでに学童期に見られるが、それはまだ他者の評価に抗して判断できるほどには強くない。思春期や青年期を通して、さまざまな他者の承認や批判を繰り返し経験することで、また多様な価値観を学ぶことで、はじめて他者が一般的に評価する基準を理解するようになり、より一般性（普遍性）のある価値判断が可能になる。

もちろん最初のうちは自信がなく、どうしても仲間の承認に左右され、同調的な行為に走りやすい。あるいは、そうした同調に疲れて他者との相互評価的な関係を切り捨て、自己中心的な自己承認に陥ってしまう。それでも大抵の場合、人間は自己の存在価値を確認するために、他者の承認を求めずにはいられない。だからこそ、私たちはさまざまな他者の評価を公平に重視するようになり、「一般的他者の視点」から内省することが可能になるのだ。

「一般的他者の視点」によって、私たちは自分の行為や知識・技能、作品に、誰もが認めるだけの価値があるのか否か、公正な判断ができるようになる。たとえ周囲の人間にすぐには承認されなくとも、いつかきっとわかってもらえる日が来る、きっとどこかで理解してくれる人もいる、と信じることができるようになる。実際、それは他者一般の承認を考慮した判断であるため、現実的に他者から承認を得る可能性を拡げてくれるだろう。こうして周囲の人々の言動にふりまわされることも少なくなり、承認への強い不安を解消することができる。

しかし、「一般的他者の視点」から内省するのは、何も承認欲望を満たすことだけが目的ではない。たとえば、自分の行為が道徳的に正しいか否かを判断するのは、「より大勢の人間から認められたい」という欲望だけが動機ではなく、「正しいことをして、誰かの助けになりたい」という利他的な動機もあるからだ。この場合、利他的な動機は意識されていても、利己的な承認欲望のほうには無自覚で、あまり意識されないことが多いだろう。

承認欲望のほうが真実であり、利他的な動機は偽り（偽善）にすぎない、と言いたいわけではない。二つの動機は分かちがたく結びついており、両者相俟《あいま》って価値の一般性、普遍性を求める気持ちが強くなる。人間は他者の承認や批判を繰り返し経験することで、普遍的な価値それ自体（「事そのもの」）を求めるようになる、と先に述べたが、それは承認欲望のような利己的な動機だけでなく、こうした利他的な動機の相乗効果によって強化されるのだ。

このようにして、「一般的他者の視点」から自分の行為や知識・技能、作品などの価値を確信できるなら、周囲の承認が得られなくとも自分の存在価値を信じることができる。無論、どんなに多様な人々の視点を考慮しても、やはり価値判断を誤る場合はある。そのため、「一般的他者の視点」を過信せず、絶えず現実の他者の評価を真摯に受け止めることが必要になる。このことによって、「一般的他者の視点」はさらに公正な視点として成熟し、他者の承認を得る可能性を切り開くのである。

心の発達における三つの承認

さて、心の発達に沿って承認欲望を考察し、親和的承認、集団的承認、一般的承認がいかにして求められるようになるのか、自己ルールや「一般的他者の視点」がいかにして形成されるのかを見てきたが、ここでそのプロセスを簡単にふりかえっておきたいと思う。

幼児期には親の無条件な親和的承認に包まれながら、親の要求に抵抗する一方で、親の要求に応えることで得られる新たな承認のよろこびを知る。それは「価値ある行為」によって得られる承認であり、この承認はやがて自己の存在価値の確信につながり、ますます重要性を帯びてくる。

学童期から思春期においては、こうした自己価値を証明したいという欲望が高まり、小中学校や高校の同級生を中心に集団的承認を強く求めるようになる。この時期、徐々に「一般的他者の視点」も形成されつつあるが、まだ多様な他者の身になって考えるだけの力は弱く、自分の判断に自信を持つことができない。そのため、集団的他者の承認や親の承認に固執し、ちょっとした親の叱責や仲間の批判によって強い挫折感を抱き、自己否定的な抑うつ感に襲われることも多いのだ。

こうした苦悩から逃れるために、他者の承認を放棄し、自分勝手に自己承認して自足してしまう場合もある。しかし、それは一般的他者を考慮しないため、人間関係に齟齬《そご》を生み、新たな苦悩を生みやすい。そこで、自分はやはり誰かに認められたいのだ、という承認欲望を自覚し、現実の他者の評価を再び重視するようになる。それは他者の判断に盲目的に迎合していた過去とは違い、今度は「一般的他者の視点」から価値の一般性を考慮し、判断しようとする段階に達している。周囲の人々の評価を真摯に受け止めながら、それを「一般的他者の視点」で内省し、自らの判断を導き出す。この繰り返しこそが「一般的他者の視点」を成熟させ、一般的承認の想定を可能にする。それは他者一般の承認する価値を考慮した、自己中心的ではない自己承認なのである。

このように、他者への承認欲望は、「親の承認（親和的承認）」（幼児期）→「仲間の承認

（集団的承認）」（学童期〜青年期）→「他者一般の承認（一般的承認）」（壮年期〜）、といったかたちで欲望対象の中心点を変えていく。それにともなって、自己ルールはより一般性のある行動規範に修正され、「一般的他者の視点」も成熟する。

こうして、親和的承認、集団的承認、一般的承認という三つの承認パターンを経験すれば、以後、それらは互いに補い合うようになる。前章で説明した三つの承認の相補的関係は、このようなプロセスを経てはじめて可能になるのだ。

幼児期に親から親和的承認が十分に得られず、親友や恋人の親和的承認も満たされない場合、私たちは同級生や同僚から集団的承認を得ることで、この渇望を満たそうとするだろう。面白い言動、協力的態度、勉強やスポーツ、仕事の好成績などは、こうした承認をもたらす契機となる。逆に学校生活や職場でうまくいかず、集団的承認に恵まれない場合でも、家族や親友、恋人がありのままの自分を受け入れてくれるなら、こうした苦悩は和らげることができる。

また、身近な人々から親和的承認や集団的承認が得られなかったとしても、「一般的他者の視点」から自分の行為に価値があることを確信できれば、つまり一般的承認を想定できれば、周囲から認められない苦しみにもある程度まで耐えることができる。

ただ、そこにはリアルな承認のよろこびはないため、人間関係に恵まれない環境が長く続き、長期にわたって現実的な承認や共感が得られなければ、次第に自分の価値判断に自信を失い、「一般的他者の視点」を見失ってしまうだろう。したがって、「一般的他者の視点」が確立しても、現実の他者の承認が不要になることはない。私たちは「一般的他者の視点」を見失ったとき、親友や恋人の受容的態度や共感によって、あるいは所属集団の賛同や賞賛によって、再びこれを取り戻すのである。

歪んだ承認関係

親の親和的承認が満たされなくとも、集団的承認や一般的承認に活路を見出すことができる、と述べたが、単に親の親和的承認が得られないのではなく、歪んだかたちでこの承認が与えられた場合、集団的承認や一般的承認への視線変更が難しくなってしまうだろう。

たとえば「言っていること」と「やっていること」が一致しない親は、子どもに強い承認の不安を与え、なおかつ親の承認への執着から脱け出せなくしてしまう可能性が高い。文化人類学者のグレゴリー・ベイトソンは、こうした言動不一致による心理的な拘束状況を「ダブルバインド（二重拘束）」と名づけ、次のような例を挙げている。

強度の分裂病発作事件からかなり回復した若者のところへ、母親が見舞いに来た。喜んだ若者は思わず彼女の肩を抱いたが、すると彼女は身体をこわばらせた。彼が手を引っ込めると、彼女は「もう私のことが好きじゃないの?」と尋ね、息子が顔を赤らめるのを見て「そんなにまごついちゃいけないわ。自分の気持ちを怖れることなんかないのよ」と語ってきかせたのである。患者はその後ほんの数分しか母親と一緒にいることができず、彼女が帰ったあと、病院の清掃夫に襲いかかったため、冷水浴を施された。

(『精神の生態学(上)』一九七二年、佐藤良明他訳、思索社、一九八六年)


若者が母親の肩を抱いて愛情を示したことに対して、母親は身体をこわばらせることで、その愛情を無意識のうちに拒否している。彼はそれを瞬時に察知し、手を引っ込めたのだが、今度は「もう私のことが好きじゃないの?」と責められている。この若者は母親の矛盾した言動によって、愛情を示せば嫌われるし、愛情を示さなくても嫌われる、という選択不可能な状況に追い込まれているわけだが、おそらく幼少期からこうした経験が繰り返され、心を病んでしまったのである。

ダブルバインド状況が幼少期から繰り返されれば、親の愛と承認を得るためには何をすればいいのか、いや、そもそも親が何を考えているのか、わからなくなってしまうだろう。その影響は親以外の他者にも波及し、他人の言葉や身ぶり、行為からメッセージを汲み取ることができなくなり、強い対人不安を抱え込むことになる。子どもは親の愛情と承認を基盤にして、他者から承認を得るためのルールを身につけ、コミュニケーション・スキルを習得するのだが、それも困難になってしまう。

「言葉では否定しながら、実際には抱きしめている」という逆パターンのダブルバインド状況もある。これは日本の「母―息子」関係においてよく見られる、と精神科医の斎藤環《たまき》は述べている（『家族の痕跡』筑摩書房、二〇〇六年）。たとえば、ひきこもっている息子に対して、口では「自立すべきだ」と説教しながらも、実際には食事等の一切の世話を引き受け、息子の暴力さえも感受する親は少なくない。それは「自立しなければお前の存在を認めない」と示唆しながらも、すでに無条件に受け入れている点で、やはり矛盾した言動になっている。しかも斎藤環によれば、このような家庭ほど、ひきこもった子どもの状態は悪いのだ。

ダブルバインド状況において問題なのは、親に認められるか否か、という幼少期から青年期にいたるまでの中心的問題から脱け出せないことにある。私たちは親のような親密な他者の承認（親和的承認）が得られなくとも、所属集団における仲間の承認（集団的承認）や見知らぬ人々の一般的承認など、それを埋め合わせる道を持っている。現に、親に愛されず、低く評価されている場合でも、別の承認の道を見出して、たくましく生きている人も大勢いる。ところがダブルバインド状況を繰り返し経験した子どもは、親から否認されるだけでなく、同時に承認のメッセージをも受け取ってきたため、親の承認を断念できないのである。

たとえ親の言動に矛盾がなくとも、親が子どもに対して偏った要求や期待、命令を与えていれば、またそうした命令に従った場合のみ承認を与えていれば、子どもは親の承認で頭が一杯になり、他の承認の可能性は想像できなくなる。その結果、大人になっても「親の承認」に執着し続け、親密になった他者との間で、親に対してとってきた態度を繰り返すことになりやすい。

典型的なのは、共依存と呼ばれる承認関係であろう。

精神科医の斎藤学《さとる》によれば、幼少期に虐待を受けて育った女性の多くは自己評価が低くなり、他人に尽くすことで自己の承認を得ようとする。たとえば暴力を繰り返す夫に怯えながらも、「私がいなければ、彼はだめになる」と考え、じっと耐え続けている女性などがそうだ。彼女たちは、自分は取るに足りない存在で、ありのままの自分には生きる価値がない、と感じている。そして人に頼られることでしか、自分の存在価値を肯定できなくなっている。

共依存の本質は「人に必要とされることの必要」です。自分にとって大切な人から「あなたがいないと私は生きられない」と言われることで、自分の存在がはじめて「承認」されたように感じるところから、共依存者的な生き方が始まります。（『アダルト・チルドレンと家族』学陽書房、一九九六年）

なぜ彼女たちがDV夫と縁を切らず、夫の承認に執着するのかと言えば、幼少期、親の親和的承認を得ることができず、虐待によって自尊心をズタズタに引き裂かれているからだ。ありのままの自分を受け入れ、自己の存在価値を認めてくれるはずの親が、逆に徹底して彼女の存在価値を否定し、蹂躙《じゅうりん》してきたのである。そのため自分の存在価値に自信が持てず、絶えず自己が否定される不安を抱いている。共依存はこの不安を一時的に払拭し、自己の存在価値を信じるための唯一の方法として捉えられているのだ。

このように、単に親から十分な承認が得られなかっただけでなく、虐待などによって親に徹底的に否認されたり、ダブルバインド状況のように矛盾したかたちで承認が与えられれば、子どもは親の承認に執着することになりやすい。また、自らの存在価値に自信が持てないまま大人になり、絶えず他者の視線に怯え、他者の評価に過剰反応するようになる。

この場合、第三者の示唆もなく、親の価値観を相対化する機会も少なく、「一般的他者の視点」から一般的承認の可能性を開くのは困難になるのである。

価値観からの自己承認

ところで、「一般的他者の視点」の弱い人間が、必ず周囲の人々の評価に左右されやすく、学校や職場の人々の言動に同調したり、親の承認に拘泥《こうでい》する、というわけではない。「一般的他者の視点」を持たなくとも、自分の行為の価値を信じ、周囲の承認を必要としない、というような人々も存在する。それも青年期によく見られるような、承認不安に発する一時的な価値信憑《しんぴょう》（「自己中心的な自己承認」）ではない。自らの内面に確立した価値観を強く信じ、その価値観から自分の行為に価値があることを確信できるため、他者の承認を想定する必要がないのである。

そもそも誰であれ一定の価値観や自己ルールは身につけているものだ。そして大抵の場合、この価値観から行為や知識・技能、作品などの価値を判断している。内省によって「一般的他者の視点」から価値判断を導こうとするのは、こうした価値観からの判断を批判されたり、疑問を抱いたりした場合だけであり、その価値観が強く信じられていれば、このような視点も必要ない。

行動の規範となる価値観および自己ルールは、最初は母親の期待や要求を介して内面化されたものであり、それは母親の承認を得たいという動機によるものであった。それが母親以外の人々の承認を得たいという欲望が生じることで、徐々に社会に共通する価値観、一般性のある自己ルールに修正されていく。だが、こうした初期の承認欲望は自覚しにくいものであり、しかもその行為が他者に役立つ行為であれば、他者を思いやる利他的な動機も加わり、その行為に承認欲望が潜んでいることは、ますます意識されなくなる。そして価値観と自己ルールがある程度まで固定されると、もはやその動機を思い出さなくとも、その行為に価値があることは自明視されるのだ。

これはある程度まで必要なプロセスである。なぜなら、すべての行為の遂行に際して、いちいちその価値を問い直すことなどできはしないし、常に「一般的他者の視点」から内省することなど不可能である。あえてやろうとすれば、極度の心身の疲労によって身が持たない。自己ルールと価値観が形成されるからこそ、こうした心労から身を守りつつその行為の価値を確信し、周囲の価値判断にふりまわされないでいることができる。

ただ、自分の価値観が周囲の人々の価値観とあまりに異なっていれば、普通は強固にその価値を確信し続けることはできず、大抵、そうした価値観に基づく行為に対して、他者の評価が気になり、他者の承認を求めるようになる。そうでなければ、自己の存在価値を確信し続けるのは困難であろう。このような場合こそ、「一般的他者の視点」が必要になる。そして現代社会では、その必要性が総じて高まっているのである。

失われた共通の価値観

一般的に、個人の価値観は社会共通の価値観に基づいて形成されるため、それほど周囲の人々の価値観と大きな違いは生じない、と考えることができる。

子どもに対する親の要求や期待は社会の価値観や文化的慣習に準じたものであり、それによって子どもの内面に形成された価値観・自己ルールは、社会生活のなかでさらに一般性のあるものに修正されている。そして、社会全体に浸透している価値観に基づく行動であれば、社会はそれを正当な行為と見なし、批判するようなことはない。むしろ共感や賞賛に値する行為として評価され、その社会の人々から広く承認を得ることができる。

古来、社会は特定の宗教や文化的慣習、政治的イデオロギーを共有し、その価値観に基づく社会規範によって成り立ってきた。中世ヨーロッパのようにキリスト教への信仰が強い社会なら、親もその他の人々もキリスト教に基づく価値観、慣習を要求し、それに基づく行為のみを承認するため、自然に同じような価値観や慣習を身につけることになる。中近東諸国のイスラム教にしろ、少し前までのソ連や中国の共産主義にしろ、すべて同じことが言える。宗教や政治思想でなくとも、一定の社会的慣習や共有された価値観があれば、それは個人の内面にまで浸透し、人々はその価値観に準じて行動することになるのだ。

したがって、特定の価値観が共有された社会、特にその価値観が強い影響力を持つ社会では、価値観の異なる多様な人々を想定する必要性があまり生じない。いちいち他者の立場を顧みなくても、その価値観に沿った行動の価値を信じることができるし、結果的に周囲の承認を得る可能性も高いからだ。成長過程において親以外の人々の価値観に触れても、そこにあまり違いがないため、その価値を再検討する必要性も生じないし、「一般的他者の視点」も形成されにくい。

しかし近代社会になると、自然科学の発展にともなって宗教的価値観の絶対性はゆらぎ、しかも交通手段の進歩と社会構造の変化により、世界の多様な価値観が出会うようになる。それは多様な価値観のなかで共通性を求め、より一般性のある価値を考えようとする視線を生み出したと言える。普遍的な価値を求めて、人間はさまざまな立場の人々を想定した上で、誰もが納得し得る価値判断を導き出そうとした。「一般的他者の視点」とは、まさに近代社会におけるこうした要請が生み出した視線なのである。

だが現在、一般性のある価値、普遍的な価値そのものへの疑義が増幅し、価値相対主義が蔓延している。こうなると、表面的には保たれているように見える社会規範や社会共通の価値観も信頼できず、自己価値にもゆらぎが生じざるを得ない。社会が共有する大きな価値を信憑し、それに準じた行動を取れば自己価値も保証される、という状況はもはや崩れつつあるのだ。

こうした社会では、自己価値を確認するための価値基準が見えないため、身近な人々の承認だけが頼りになる。そのため、親の影響下に形成された自己ルールや価値観は、一般性のあるものに修正することが難しくなり、親の承認に執着し続けることになりやすい。あるいは、自分の価値観・自己ルールに自信が持てず、仲間の承認を維持するために同調し続ける人もいるだろう。他者の承認を無視して自己中心的に自己承認する場合もあるが、大抵は一時的なものにすぎない。

いま、多くの若者が強い承認の不安を感じ、「空虚な承認ゲーム」に陥っている背景には、こうした現代特有の心理が潜んでいる。価値観の相対化という時代の波のなかで、多くの人が自己価値を確認する参照枠を失い、自己価値への直接的な他者の承認を渇望しはじめている。そして身近な人々の承認に拘泥したコミュニケーションを繰り返した結果、極度のストレスを抱えたり、その承認を獲得することができず、虚無感や抑うつ感に襲われている。

現代が承認不安に満ちた時代なのは、まさにこのような理由からなのである。

近代に生じた新たな視点

この章では、人間の承認欲望がいかにして生まれ、その対象や内実を変えてゆくのかを心の発達に即して考えてきた。親の親和的承認から仲間の集団的承認へ、そして社会における多くの人々からの一般的承認へと、承認欲望がその対象を拡大するにつれ、各々の承認は相互補完的に承認不安を解消し、自己価値の失墜を防ぎ、「生きる意味」を確保するようになる。

一方で、私たちは他者の承認を介して価値観と自己ルールを形成し、ある程度まで他者の承認がなくとも、自らの行為に価値があることを信じ、自分の存在価値を自己承認することが可能になる。それは社会共通の価値観に準じたものである限り、実際に周囲の承認を得ることもできる。

しかし、社会共通の価値観への信頼がゆらぎ、価値相対主義的な見方が広まりつつある現在、「一般的他者の視点」は育《はぐく》まれず、自己価値の承認を確保する上で、身近な人々の承認がきわめて重要なものになっている。かつては成長過程のなかで、身近な他者の承認に固執している段階から、社会共通の価値観に基づく他者一般の承認に眼が向けられていた。しかし現代社会では、この移行がうまく進展しないのだ。

とはいえ、異なった価値観の人間同士の間に共通了解の可能性がないわけではない、と私は考えている。

たとえば、まったく趣味や感性、信条の異なる人間の間でも、困っている人を助けるのは「価値ある行為」である、と普通は誰もが認めるにちがいない。客観的に正しい価値が見出せなくとも、多くの人が共通了解し得る価値を見出すことは可能であり、異なる価値観の間でも、メタレベルで一般性のある価値を認め合うことはできる。というより、多様な価値観が対立する時代だからこそ、一元的な価値観の支配する近代以前に比べ、共通の価値を求める「一般的他者の視点」が必要とされる時代に突入した、と考えることができる。

「一般的他者の視点」で価値判断をして、その判断に準じて行動する場合、その行為は多様な他者の承認を想定した上で判断されたものなので、多くの場合、批判を招くような誤った行為とはならないし、将来的にも他者の承認を得る可能性を確保することができる。しかも他者の判断に依拠するのではなく、自らの判断で行動することで、私たちは「自由に生きている」という実感を失わないでいることができる。

すでに述べたように、「空虚な承認ゲーム」において苦悩を生み出しているのは、何も承認の不安だけではない。自己の感情や欲望を過度に抑制することによって生じた自己不全感であり、そこに欠けているのは「自由」の意識にほかならない。したがって、自由の意識を確保しつつ承認の可能性を切り開く「一般的他者の視点」は、自由と承認の苦しみに満ちた葛藤を脱け出す上で、とても重要な役割を担っている、と考えていいだろう。

社会に共通の価値観が浸透している間は、「一般的他者の視点」はあまり必要とされなかった。そのような内省をせずとも、価値規準は誰の眼にも明白であったからだ。社会共通の価値観への信頼がゆらいでいるからこそ、さまざまな価値観を持つ他者との出会いのなかで、共通了解し得る価値を求めはじめ、「一般的他者の視点」が生じてきた。それは行為の価値を確認するためだけでなく、自分の意志で行動する自由を確保するために、どうしても必要なものであった。

私はこの「一般的他者の視点」を軸に据えて、承認不安に満ちた現代に必要な考え方を提示するつもりだが、その前に、現代において自由と承認の葛藤が増し、承認不安に満ちた社会が到来した背景について、近代以降の精神病理の変遷をたどりながら整理しておきたいと思う。

第４章　現代は「認められたい」時代か？

「認められたい」欲望の普遍性

現代は承認への欲望が増幅した時代、というより承認されないことへの不安に満ちた時代である。人々は他者から批判されることを極度に怖れるあまり、自然な感情や欲望を必要以上に抑制し、周囲への同調と過剰な配慮で疲弊している。

承認への欲望が現代社会に特有のものであり、かつて人間の承認欲望はそれほど強くはなかった、というわけではない。人間が文化を築きはじめたその黎明期から、承認欲望は人間が行為を決定する際の重要な動機となり、個人や社会の運命を大きく動かしてきた。ヘーゲルやコジェーブ、ラカンが指摘しているように、人間の欲望は他者の欲望であり、誰かに認められたいという欲望である。それが最も人間的な欲望であることには、時代を超えた普遍性がある。

人間以外の動物は、空腹になれば何かを食べるし、危険な場所や敵には決して近づかない。生理的欲求に逆らわず、自分の生命を維持し、保存することを最優先する。人間にもこうした自己保存の欲求はあるのだが、しかし一方で承認欲望を持つがゆえに、自己保存の欲求に抗して行動することがある。ボクシングのチャンピオンになって賞賛されるためには、苛酷な減量にも耐えるだろうし、仲間に認められるためには、危険を冒すこともある。

「人間が人間であることとは、彼が自己の人間的欲望に基づき自己の（動物的）生命を危険に晒さなければ『証明』されない」（前掲『ヘーゲル読解入門』）というコジェーブの指摘どおり、古来、人間は名誉のために死を賭した闘いを幾度も繰り返してきた。それこそまさに、承認欲望が時代を超えた普遍性を持つ証であろう。

だが現代社会においては、自尊心を守り、自己の存在価値を信じるために必要な他者の承認が、なかなか簡単には得られない。そのため、かつてないほど他者の承認が渇望され、承認への不安に起因する苦悩、精神疾患が蔓延している。すでに述べたように、それは近代以降、社会共通の価値観への信頼が徐々に失われていったことと深い関係にある。

哲学者のチャールズ・テイラーは、「近代になって生じたのは承認のニードではなく、承認を求めても手に入れられないことがありうるという状況の方なのです」（『〈ほんもの〉という倫理』一九九一年、田中智彦訳、産業図書、二〇〇四年）と述べている。

近代以前は（社会共通の）伝統的な価値観のなかで個人の役割は固定されていたため、アイデンティティや承認は最初から自明視され、問題化されていなかった。だが近代になると、自分らしいあり方が追求され、他者の承認を介してアイデンティティを形成するようになったため、そこに承認の不安が生じてきた、というわけである。

なるほど、社会に共通した価値観が浸透し、個人の役割も固定されている場合、そこに生きる人々はその価値観に照らして自らの行為の価値を測り、その役割にアイデンティティを見出している。多くの人間が同じ価値観を信じている社会では、その価値観に準じた行為は周囲から承認され、異を唱えられることはない。したがって、そのような行為において他者の承認を強く意識する必要はなかった、と考えられる。

たとえば、キリスト教の価値観が浸透した社会なら、神を信仰する敬虔《けいけん》な態度は周囲から承認されるはずだが、当人は周囲の承認など気にせず、その価値観を信じ込んでいるだけだろう。いかに苦しい生活を強いられていても、そこに承認不安は生じない。

しかし、社会共通の価値観が存在しなければ、人間は他者の承認を意識せざるを得なくなる。誰でも自分の信じていた価値観や信念、信仰がゆらげば、自分の行為は正しいのか否か、近くにいる人に聞いてみたくなるものだ。自己価値を測る規準が見えなくなり、他者の承認によって価値の有無を確認しようとする。こうして、もともと根底にあった承認欲望が前面に露呈し、他者から直接承認を得たいという欲望が強くなる。

現代社会はまさにこのような時代である。宗教的信仰は大きくゆらぎ、政治的イデオロギーへの信頼も失墜し、文化的慣習も流動的になっている。社会に共通する価値規準は崩壊し、価値観は多様化しているため、自己価値を測る価値規準が見出せない。一方で、自分らしく生きるべきだ、という考え方も広まっているが、なかなか「自分はこれでいい」と思えない。そのため、身近にいる他者の直接的な承認にすがるよりほかに術《すべ》がないのだ。

現在、身近な他者の承認が強く求められるようになり、承認不安による「空虚な承認ゲーム」が蔓延している背景には、こうした社会状況の変化がある。

自由か、それとも承認か

ところで、社会共通の価値観が強い影響力を持たない社会は、それだけ個人を拘束する社会規範が弱く、自由に行動できる社会でもある。だとすれば、承認不安の問題を考える上で、この自由と承認の関係の本質を見極めることが必要であろう。

特定の価値観が支配的な社会では、誰もが信じている社会の価値規準に準じて行動すれば、一定の承認を確保することができるため、現代的な承認不安とは無縁である。しかし裏を返せば、そうした行動以外は否定され、逸脱した行為は批判の対象になる、ということでもある。中世ヨーロッパのキリスト教社会であれば、信仰に背く行為は決して許されず、厳しく処罰されていたし、共産主義社会であれば、イデオロギーに反する行為は粛清の対象になっていた。そのような社会には、人間の自由はわずかしか存在しないのだ。

一方、現在の先進資本主義諸国のように自由な社会は、西欧の近代化とともに登場した。近代の初期、産業革命や市民革命を通して生き方を選択する自由が拡がり、個人も自由の意識を強く持つようになった。自由に生きてこそ、私たちは幸せになれるのだと、そう考えるようになったのだ。

とはいえ、近代以降も社会共通の価値観（「大きな物語」）が強い影響力を持っているうちは、そうそう自由勝手に行動することはできなかった。最初のうちはキリスト教を中心とする伝統的な価値観がまだまだ支配的であったし、十九世紀になって信仰が衰えはじめても、国家の発展に参与することに理想を見出す人々が登場し、新たな価値観（大きな物語）となった。そしてこうしたナショナリズムは、二十世紀に入るとさらに大きな影響力を持ちはじめる。

このように、近代以後、伝統から新たな価値観へとその重心を変えても、社会共通の価値観は存在し続けた。そのため、どのような行為をすれば他者の承認が得られるかは明快であったが、自由を追求すると社会の桎梏《しっこく》を感じざるを得なかったのだ。

しかし現在では、近代化の進展にともない、こうした社会共通の価値観への信頼は失墜し、価値観が多様化した時代に突入している。その結果、人々の自由はこれまでになく拡大したが、どのような行動が人々の承認を得るかは不透明になってしまった。そのため多くの人は、周囲の人間に同調したり過剰に配慮することで、自己価値の承認を得ようとしている。それは再び、自由の抑制につながってしまうのだ。

もはや自由を抑圧するような社会の桎梏を感じることはない。しかしそれでも私たちは、周囲の人間に同調し、自由を抑制して生きている。そうしなければ他者の承認を得ることは難しい、と感じているからだ。これは、近代以降に浮上してきた「自由と承認の葛藤」という問題が、「個人と社会の葛藤」から「個人と身近な人間の葛藤」へと変化しつつある、と見ることもできる。

また同時に、近代のはじめにおいては、承認よりも自由の実現こそが問題であったが、近代後期にあたる現代では、承認の確保がより重要な課題となっている。

このように「自由と承認の葛藤」は、現代における承認不安の時代的意味を理解する上で、とても重要な位置を占めている。そこでこの章では、「自由と承認の葛藤」という観点から近代以降の精神病理の歴史を紐解き、その本質を考察することにしよう。このことによって、現在の承認不安に起因する苦悩の本質的な理由が、より明確になるはずである。

フロイトとヒステリー

「自由と承認の葛藤」に起因する心の問題について、最初に体系的な理論を打ち立てたのは、フロイトである。彼は神経症という心の病について、二つの矛盾した欲望の葛藤が問題であることを、誰よりも早く、そして後世の精神科医たちよりも深く理解していた。

神経症とは心因性の病を総称する疾患概念だが、この病が精神医療の主要な対象となったのは、十九世紀末に遡る（現在では、解離性障害、強迫性障害、社会恐怖、パニック障害など、症状別に分類された疾患名が使われ、神経症という概念はあまり用いない）。当時、原因不明の身体症状を訴える患者たちはヒステリーと呼ばれ、催眠療法など、さまざまな治療が試みられていた。そうしたなか、ヒステリーの原因が心理的な葛藤にあることを見抜き、神経症の理解に革命的な成果をもたらしたのがフロイトであった。

フロイトと言えば、神経症の患者に延々と性に関する質問を重ね、原因をすべて性欲に還元してしまう汎性欲論者というイメージがある。しかし、フロイトは愛情への欲求も広い意味での性欲として捉えていたし、しかも性欲そのものよりも「心理的な葛藤」を重視し、こう述べている。「神経症は性欲から生ずるのではなく、自我と性欲との間に起る葛藤にその根源があるということを、あらゆる反論に抗して精神分析は主張している」（「精神分析入門」一九一七年、『フロイト著作集1』懸田克躬他訳、人文書院、一九七一年）。

この考え方を示している例として、ブロイアーとの共著『ヒステリー研究』(一八九五年)におけるエリザベートの症例を取り上げてみよう。

エリザベートは歩行困難なほどの両足の痛みを訴えていたが、身体的な原因は見当たらず、フロイトはこれをヒステリーだと診断し、精神分析を行った。すると、彼女は姉が死んだとき、深い悲しみに襲われると同時に、これで私は義兄(姉の夫)の奥さんになれる、という考えが稲妻のように閃いたことを思い出した。彼女は義兄に対して、道ならぬ恋心を抱いていたのである。しかし、それは彼女の道徳心(姉への罪悪感)からすれば、また当時のモラルからすれば、あってはならないことであった。そのため、エリザベートは義兄への愛情を抑圧してしまった。「こんな思いがばれたら大変!」と意識した上で他人に隠したのではなく、自分自身に対して自らの感情を隠し、無意識のうちにごまかしたのである。

そもそも道徳心の強い人は、自分がモラルに反する欲望(特に性欲)を抱くということを認められない。仮に認めたら羞恥心や罪悪感、強い不安に苛まれるからだ(性道徳が現代とは比較にならないほど厳格であった十九世紀末であることを考えてほしい)。エリザベートの場合も、自分が反道徳的な感情を抱いたことを認めれば、自分自身が不道徳で汚い人間だと感じられ、激しい罪悪感と自己嫌悪に襲われてしまうだろう。さらには、いままで築いて来た周囲の人々からの信頼や評価（承認）をすべて失ってしまう可能性がある。そこで、こうした罪悪感や不安から身を守るために義兄への愛情を抑圧し、その欲望は痛みや運動麻痺という症状に転換したのである。

この事例において抑圧を生んだのは愛情と道徳心の葛藤だが、愛情は広い意味での性欲に含まれ、道徳心は自尊心を守ろうとする自我の欲望に直結しているため、これはフロイトの言う「性欲と自我の葛藤」にほかならない。そしてこの葛藤は「自由と承認の葛藤」を本質としている。なぜなら、性愛的な欲望を満たそうとすることは、道徳規範に縛られずに自由に行動することであり、一方、自我の欲望は自尊心を保つために他者の承認を必要とする。道徳に反した行動によって批判や蔑視を受けないように配慮するのは、その根底に承認欲望があるからなのだ。

晩年のフロイトは「エスと自我の葛藤」こそ神経症の原因である、と主張しているが、これも「自由と承認の葛藤」を本質とすることに変わりはない。エスとは衝動的な欲望を自由に満たそうとするものであり、一方、「自我は、われわれが理性または分別と名づけるものを代表し、情熱をふくむエスに対立している」（「自我とエス」『フロイト著作集6』井村恒郎他訳、人文書院、一九七〇年）。それは、無分別な行動によって他者の非難を受けないため、つまり他者の承認を維持するためなのだ。

衝動を抑制する自我の判断は、一見、他者の承認を求めない純粋な道徳心に基づいているように見える。私たちが身勝手に（自由に）行動しないのは、他者に迷惑をかけないためであり、別に誰も見ていなくとも（つまり承認されなくとも）「やってはいけない……」という内的な声にしたがって衝動を抑制することもある。しかし道徳心の大部分は、幼少期に親に要求され、期待された行動を規準に形成された自己ルールによって生じている。フロイトはそれを「超自我」と呼んだが、その根底に承認への欲望があるのはまちがいない。

このように、フロイトの理論は「自由と承認の葛藤」という観点から捉え直せば、その本質的な意味を理解することができる。それは誰もが抱え込んでいる心理的葛藤だが、神経症の場合は承認の不安が過度に強いため、この葛藤に冷静かつ合理的な判断ができないのである。

神経症とは何か

フロイトが神経症を考える上で、もうひとつ重視したのが「不安への防衛反応」である。

人は誰でも必死で不安が的中する事態を避けようとする。死の危険を避けて逃げ出すことも、非難されるのを怖れて周到な根回しをすることも、すべて不安が予期する事態を、そして不安そのものを回避しようとする心の働きから生まれた、ごく自然な行動である。しかし、こうした不安を免れようとする心の働きが、過剰であったり、歪んでいたり、不合理なものになったとき、人は神経症の症状を呈する。

先のエリザベートの場合、承認の不安を招くような自分の恋愛感情を無自覚のうちに抑え込み（抑圧）、忘れることで不安を免れようとしたのだ。その結果、義兄を愛しているという思いに苦しまずに済むようになったが、表出を抑えられた感情はそのはけ口を彼女自身の身体へと向けたため、彼女は足の痛みで歩けないというヒステリー症状を呈するようになった。つまり、彼女の身体症状は、不安という心の危険状況から免れるために作られている。

フロイトはこうした無意識の防衛反応を「防衛機制」と名づけ、機械論的な心のメカニズムを想定しているが、それはあくまで仮説モデルであり、証明できるものではない。しかし、彼が神経症の本質を「不安への防衛反応」として捉えたことは、やはり正しかったと言うべきだろう。

なるほど、神経症のさまざまなケースを分析してみると、その中核にはほぼ例外なく「不安への防衛反応」が見出せる。というより、「不安への防衛反応」という観点から考えれば、多くの人が共通了解し得るような解釈を導くことができる。その意味で、確かにそれは神経症の本質だと考えられる。また不安になる状況には、死や病気、ケガなどの身体的不安が原因の場合もあるが、他者に批判されたり、軽蔑されるなど、承認の不安が原因となるケースがかなり多い。

たとえば、周囲の人間に嫌われたくないのは、人にとってごく自然な感情であり、嫌われるかもしれないという不安を回避するためには、言いたい放題、したい放題ではなく、一定の抑制が必要になる。しかし、「人に嫌われたらどうしよう」という不安に苛まれるあまり、人に会うことすらできなくなるとしたら、それは不安を回避するための行動としては行き過ぎであり、神経症(対人恐怖症)と呼ぶことができる。また、周囲の人間に好感を持ってほしいと身だしなみを整えるのは、ごく普通のふるまいだが、自分は醜いから嫌われるのだと思い込み、過剰なダイエットや美容整形手術を繰り返すなら、これも神経症(身体醜形障害)の範疇《はんちゅう》に入る。

このように、神経症の人たちの抱いている不安は、周囲の人々にどう思われるか、という承認に関わる不安であることが多い。神経症においては、承認不安を避けようとする心の働き(防衛反応)が身体症状や恐怖反応、強迫行動として現われる。それは自然な感情の表出を抑制し、いわば自由を犠牲にして承認を得ようとした結果と見ることもできる。

「自由と承認の葛藤」に無自覚なまま、過度の承認不安への防衛反応から自由を犠牲にしてしまうこと、それが神経症という病において起きていることなのである。

近代の病としての神経症

十九世紀末の西欧社会では神経症の患者が急速に増えていたが、その原因が心理的葛藤にあることを見抜いたフロイトは慧眼《けいがん》であった。なぜなら、この心理的葛藤は「自由と承認の葛藤」を本質としているからだ。当時、神経症が増えていた背景には、近代社会において生じた「自由と承認の葛藤」という問題があったのである。

では、なぜこうした葛藤が生じるようになったのだろうか？

十八世紀以降の西欧社会では、資本主義の発展とそれにともなう産業構造の変化など、急速な近代化の波のなかで、自由に生きる可能性は確実に拡大しつつあった。また、啓蒙思想などの影響もあって、人はみな自由に生きてもよいのだ、という自由の意識も高まっていた。しかし、社会に根づいている伝統的価値観を無視して自由に行動すれば、たちまち周囲から非難され、同じ社会に生きる人間としての承認を失ってしまう。そのため、自由を選ぶべきか、承認を選ぶべきか、新たな悩みが生じてきた。それが近代における「自由と承認の葛藤」である。

この葛藤にまず悩まされたのは、富裕層の人々であり、なかでも学識の高い知識人たちであった。なぜなら、彼らは経済的に余裕があり、自由に生きる可能性が実際にあっただけでなく、自由の理念を学び、その意識も強かったからだ。しかし、いかに近代化が進展していたとはいえ、まだまだ大多数の人間は伝統的価値観に染まったまま、自由について学ぶ余裕もなかったし、実際、自由に生きるどころか、日々の生活に追われていた。彼らの多くは自由に生きるという発想もなく、伝統的価値観を自明視していたので、知識人たちの自由な言動を許容する余地もなかった。

したがって、知識人をはじめ自由を意識するようになった人々も、社会的な承認を維持するためには、自由気ままに生きるわけにはいかなかった。彼らは、自らの自由を貫徹しようとすれば、社会に浸透している伝統的価値観に抵触し、周囲の承認を失ってしまうかもしれない、というジレンマに陥ることになった。まさに「自由と承認の葛藤」の只中に投げ込まれたと言える。そして、こうした葛藤が十分に自覚されないとき、神経症という病が発症したのである。

日本の近代化においても、事情はほぼ同じであったと考えられる。

夏目漱石は「私の個人主義」という講演において、個人の自由は個性の発展上必要なものであり、それは個人の幸福に大いに関係する、したがって他人に影響のない限りは自由を持ち、他人にも与えねばならない、と述べている。それこそが私の言う個人主義である、と。しかし一方で漱石は、不眠、抑うつ、疲労感、頭痛、倦怠感などの症状を訴え、苦しんでいた。彼もまた、近代化にともなう「自由と承認の葛藤」に直面し、神経症になったと考えられるのだ。

なぜフロイトの患者に富裕層の人々が多く、知的な人々ほど神経症に苦しんでいたのか、もはや説明するまでもないだろう。

伝統的価値観にどっぷり浸かった人間なら、その価値観に反する行為への欲望はめばえないため、不自由な感触も自己不全感も生じない。しかし知識人層のように、自由の意識がめばえた人間、伝統的価値観に違和感を抱いた人間においては、たとえ承認を得るために伝統的価値観に準じて行動しても、そこに納得感は乏しく、どこか無理をしている感触がつきまとう。加えて承認への不安が強ければ、自己不全感を抱いたまま周囲に同調してしまい、やがて自分の自然な感情を表現したり、自由に行動することができなくなる。

当時、神経症が増加していた背景には、こうした心理的な葛藤、苦悩があった。それは、近代になって顕在化した「自由と承認の葛藤」という時代意識の反映だったのである。

「個人の自由」と「社会の承認」

ここで「自由と承認の葛藤」が生み出された時代背景について、もう少し大きな枠組みのなかで捉え直してみることにしよう。

近代以前の西欧社会（十七世紀以前）においては、キリスト教の価値観やそれに基づく社会規範があまりに強い絶対性を持っていたため、個人は社会規範に従って行動せざるを得なかったし、自由はほとんどないも同然であった。しかし一方では、そうした社会共通の価値観は誰もが信じているため、それに準じた行動をしていれば、他者の承認はある程度まで確保できる。そこに承認不安はあまり生じないし、「自由と承認の葛藤」もほとんど存在しなかった。

しかし近代になると、科学の進歩や啓蒙思想の影響によって、宗教的迷信は徐々に払拭されはじめる。それと同時に、資本主義の発展による社会構造の変化、交易の活発化による多様な価値観との遭遇によって、それまでの伝統的な価値観の絶対性は大きくゆらぐことになった。そのため、伝統的価値観は個人の自由を完全に疎外するほど強圧的なものではなくなり、加えて、人間は本来自由である、という考え方も生まれ、次第に自由の社会的条件も揃いはじめた。その結果、自由に生きる可能性は徐々に拡がったが、今度は承認を得るための価値規準が少しずつ崩れはじめ、承認不安が生み出されたのである。

といっても、近代になってすぐに社会共通の価値観が崩壊し、現代社会のように価値観の相対化が広まったわけではない。そこにはいくつかの段階があったと考えられる。社会学者のマックス・ウェーバーによれば、近代の初期におけるプロテスタンティズムは厳格で享楽を許容しないものであり、神への信仰は勤労の強い動機になっていた(『プロテスタンティズムの倫理と資本主義の精神』一九〇四年)。十九世紀までの西欧社会では、まだ多くの人々が神を信じており、伝統的価値観は根強く社会に残っていたのだ。

したがって、自由への欲望を抱いた人々(特に富裕層、知識人)も増えつつあったが、彼らも伝統的価値観に反しない範囲でなければ、自由に生きることは不可能であった。法的には自由に結婚相手を選び、職業を選択する条件が整いつつあったが、伝統的価値を無視することは家族も許さず、仮に無視すれば周囲の人々の非難は免れない。そのため、フロイトの患者エリザベートのように、「個人の自由」と「社会の承認」の相克の中で、神経症を患う者も少なくなかったのだ。

しかし学識のある知識人たちのなかには、もはや伝統的価値観の絶対性を信じることができない者も多かった。彼らにとって、伝統的価値観に従うことは苦痛なだけであり、自由に生きられない自己不全感はより一層強かったと考えられる。

しかもこのような人たちの場合、伝統的価値観に逆らって自由にふるまったとしても、どこか虚無感が拭いきれない。なぜなら、自分の存在価値を証明し、生の意味を明確にしてくれるような、価値規準の参照枠がないからだ。伝統的価値観が当てにできない以上、それも当然のことだろう。その結果、自己価値を実感できず、生は無意味なものに思えてくる。神経症にはならずとも、ニヒリズムに襲われて苦しむことになったのである。

ニーチェによれば、ニヒリズムとは「至高の諸価値がその価値を剝奪されるということ」であり、真なるものは存在しない、という認識である（『権力への意志（上）』一九〇一年、原佑訳、理想社、一九八〇年）。それは生を意味づける価値規準の喪失であり、激しい実存的な苦悩をもたらさざるを得ない。ドストエフスキーの『罪と罰』やツルゲーネフの『父と子』など、十九世紀末のロシア文学の主人公たちは、こうした知識人たちの苦悩を示している。

神への信仰が失墜した後、それに代わって道徳的な価値観が支配的となるが、それもやがて没落する、というニーチェの予言どおり、ニヒリズムは徐々に西欧社会に広まり、深刻な精神的危機をもたらすことになったのである。

自由からの逃走

二十世紀に入ると、伝統的価値観の影響力は急速に衰え、ニヒリズムはより広範に広まっていった。科学の進歩による宗教的価値観の衰退、資本主義の発展による社会構造の変化、そして大規模な社会移動などが原因として考えられる。

第二次産業革命と言われる技術革新によって、高度な工業社会が成立し、大量生産、大量消費が可能になり、膨大な数の労働者が都市へ流入したことは、伝統的な共同体を解体し、社会の仕組み、価値観の変動をもたらした。労働者は同時に消費活動を行う大衆となり、ライフスタイルを大きく変化させていったが、そこには生活の激変にともなうアイデンティティのゆらぎがつきまとっていた。

一方では、社会の進歩に対する希望も生まれ、国家の発展に理想を見出す人々もいたが、しかし第一次世界大戦という国民すべてを巻き込んだ総力戦によって、家族や親しい人々を失い、日常の生活が破綻してしまった西欧社会の人々は、それまでの生き方や価値観に疑問を感じ、すべてが無意味に感じられるようになった。多くの人々が生の意味を見失い、孤独と実存的不安に襲われることになったのだ。

しかし、それですぐに価値観の相対化が西欧社会の隅々まで全面化したわけではない。ドイツやイタリアなどでは、全体主義のような新たな価値観が人々を魅了し、社会に浸透していったからだ。伝統的価値観が生まれながらに自分を拘束してきたのに対して、今度は自らの意志でその社会規範、新たな価値観を選択し、受け入れたのである。しかし、人々は自らが選んだこれらの価値観や社会規範に拘束され、再び自由を失っていった。

カフカの小説『審判』には、何も悪いことをしたおぼえがないのに、ある朝突然逮捕され、その理由も明らかにならないまま、処刑されてしまう男の話が描かれている。主人公のKは、自分を罰しようとしている社会規範に矛盾を抱きながらも、しかしあくまで社会の法に従ったまま殺されてしまう。最後の処刑シーンにおいて、Kは「犬のようだ！」と口にするのだが、「恥辱だけが生き残るように思われた」（『審判』一九二五年、中野孝次訳、新潮文庫、一九九二年）。

多くの人が自らの自由を犠牲にしてでも社会秩序に従うのは、社会からの承認が自分の存在価値を証明してくれる、と心のどこかで信じているからだ。だからこそ、それが理不尽な価値観や法だと思えても、それを真っ向から否定することができない。だが、この小説のラストのように、社会秩序の法によって裁かれるとき、自分の存在価値が社会から承認され得なかったことを思い知らされる。そのとき死の恐怖だけでなく、いやそれ以上に、自己価値の暴落による恥辱が感じられることになる。

『審判』はナチスの台頭を予期した象徴的な作品とも言われるが、第二次世界大戦前、ドイツの人々がナチスの政権を自らの意志で選び、服従していった大衆心理について、エーリッヒ・フロムは次のように述べている。

近代人は伝統的権威から解放されて「個人」となったが、しかし同時に、かれは孤独な無力なものになり、自分自身や他人から引き離された、外在的な目的の道具となったということ、さらにこの状態は、かれの自我を根底から危うくし、かれを弱め、おびやかし、かれに新しい束縛へすすんで服従するようにするということである。(『自由からの逃走』一九四一年、日高六郎訳、創元社、一九五一年)

フロムによれば、人間は自由な選択が可能な状況でも、自分一人で考え、自分の判断で行動することに不安を感じ、他人の言動に従いやすい面がある。それは私たちが求めること、行動することが、あまりにも他人とかけ離れてしまい、誰もふりむいてくれなくなったり、嫌われたりすることが怖いからだ。こうした孤独への不安のために、人間は自らの個性、感情、思考を過度に抑制し、自由に行動することを差し控えて、周囲の人々が信じる価値観、外的な権威に従ってしまう。

こうしたフロムの主張は、人間が他者と関わらずにはいられないこと、孤独に耐えられないという不安を鋭く捉えている。ただ問題をより明確にするためには、「孤独への不安」というより、「承認への不安」として考えたほうがいいだろう。

人間には他者の承認を求める欲望があり、社会的に承認されたいからこそ、社会規範や世間の価値観を重視する。多くの人々が認める共通の価値観や社会規範に準じて行動すれば、誰にも非難されないし、周囲から社会的承認を得ることができる。逆に、そうした承認の規準となる価値観や社会規範が見失われてしまえば、たちまち自己価値を測る規準を失い、承認不安に襲われることになる。だからこそ、新たな承認の規準となる価値観、世界像を人々は必要とするのだ。

このように、十九世紀末以降、伝統的価値観への信頼は急速に衰退し、強い承認不安と自己価値の喪失感を生み出した。それは最初、一定の自由を享受しはじめた富裕層や知識人の間に、神経症、ニヒリズムというかたちで現われたが、それでも多くの人々においては、伝統的価値観はそれなりに維持されていたし、社会の進歩、国家の発展という新たな理想、価値観も生じていた。しかし西欧社会では、第一次世界大戦という経験を経てそれらの価値観も崩れ、ニヒリズムは広く一般大衆の間に広まっていった、と考えることができる。

信じるべき価値を見失い、深刻な実存的不安とニヒリズムに蔽《おお》われた世界の中で、人々は生きる意味をもたらすような、自己価値の基盤になるような、新しい価値観、世界像を求めはじめた。それも、大勢の人が共通して信じはじめた価値観であれば、その価値観に準じた行動は周囲の誰もが認めることになるため、多くの信奉者を集めることができる。
第一次世界大戦後、西欧社会に全体主義が台頭していった背景には、経済的な不安のみならず、このような承認の不安があったと考えられるのだ。

共通の価値は失われたのか？

第二次世界大戦後、全体主義の価値観・社会規範を受け入れていた敗戦国の人々は、信じていた価値観の崩壊によって、再び深刻なニヒリズムに陥った。また戦勝国にしても、先の大戦以上の大量殺戮《さつりく》を眼にし、それまでの価値観が大きくゆらいだことに変わりはない。

このニヒリズムの新たな受け皿になった価値観、思想はさまざまだが、何といってもマルクス主義の影響力は大きく、歴史上類を見ないほど広範にわたっていた。それは、革命を経て社会主義国になった旧ソ連や東欧圏だけでなく、資本主義諸国の人々をも魅了し、世界規模の運動にも発展していった。なぜならマルクス主義は、貧困や生活苦、戦争といった諸問題が、すべて資本家と労働者が対立する資本主義国家の矛盾によるものだと説明し、誰もが平等な社会主義の体制に変えれば、国家間の紛争も貧困などの生活苦も解決する、と主張したからだ。それは戦争に疲弊し、貧困に喘《あえ》いでいた人々にとって、大きな希望となったのである。

しかし、一九六〇年代に頂点を迎えたマルクス主義への熱狂も、七〇年代後半になると退潮の兆しを見せはじめた。その理由は二つある。

ひとつは、マルクス主義を実践した社会主義諸国において、多くの矛盾が生じている事実が広く知られるようになったこと。一九五六年、フルシチョフによってスターリンの大粛清が暴かれて以来、「プラハの春」（六八年のチェコスロバキアの改革運動）に対するソ連の侵攻、中国の文化大革命（六〇年代後半〜）、中ソ紛争（六九年）、カンボジアにおける大虐殺（七六年〜）など、絶え間ない粛清と虐殺、侵略、戦争は、資本主義諸国の人々に大きな失望を与えることになった。そして八〇年代にソ連を中心とした東欧圏の社会主義国家が次々と崩壊したことで、多くの人にとって、もはやマルクス主義は過去の理想と化してしまった。

もうひとつの理由は、先進資本主義諸国においては高度消費社会が実現し、多くの人が豊かな生活を享受できるようになったことだ。貧困を脱した人々にとって、社会の抑圧感はなくなり、社会を変革する必要性は消失した。革命は豊かな生活が崩れるリスクさえ感じさせるものとなった。そのため、マルクス主義による理想社会の夢は掻き消されたのである。

だがさらに重要なのは、こうした高度消費社会の実現、つまり豊かな生活の実現によって、個人が各々の価値観を信じて自由に生きる可能性が大きく広がった、という点にある。このことはマルクス主義を信じているか否かにかかわらず、とても大きな意味を持っていた。

貧しければ、嫌な仕事でも辞められず、余暇を楽しむ余裕もなく、日々の暮らしだけで精一杯になるだろう。だが金銭的にも時間的にも余裕ができれば、自分なりの思考や感性に基づいて、やりたい仕事を選んだり、仕事以外の楽しみを見出すことができる。つまり、より自由に生きることができるのだ。一方では、都会へ働きに出た大勢の人々は、地域共同体との関係が希薄になり、伝統的な価値観の桎梏は弱くなるため、また都会の新しい価値観にも触れることで、自分なりの生き方を模索しはじめる。

こうして伝統的価値観が崩れて個人主義が強まると、ライフスタイルは多様化し、人それぞれの価値観を許容しあうようになる。その結果、価値観の相対化はますます広まり、自由に生きられるようになる一方で、自分なりの価値観を持てない人々は、生の意味を見失い、深刻なニヒリズムに陥ってしまう。そして自分の存在価値を確認するために、他者の承認を過大評価しがちになる。

これは先進資本主義諸国に共通する傾向と言っていいだろう。無論、消費社会化の進展、伝統的価値の崩壊の程度、マルクス主義の影響力の強さなどによって、国ごとに微妙な違いはある。しかしそれでも、資本主義の進展によって高度消費社会が成立し、民主主義と個人主義の浸透とともに個人の自由が尊重されるようになれば、遅かれ早かれ、こうした状況が訪れる。

それは、近代社会が自由を実現する上で、避けてとおることのできない問題なのである。

日本社会の変貌

日本もまた、現在、豊かな社会が実現して自由な生き方が可能になっているが、その反面、相対主義とニヒリズムが広まっている。それは長い目で見れば、明治以来の近代化によるものだが、より直接的な影響という点では、高度経済成長を挙げることができる。

日本は第二次世界大戦の敗戦によって、天皇への崇拝、国家の繁栄に対する希望など、それまでの価値観は大きくゆるがされたが、新たな「大きな物語」が登場し、敗戦によるニヒリズムを払拭することができた。

まずマルクス主義と戦後民主主義が知識人層の新たな価値観となり、一九六〇年代には全共闘を中心に大きな社会運動にさえ発展している。その一方で、がんばって勉強をして大学に行き、都会に出て仕事をすれば、貧しい生活から脱し、欧米（特にアメリカ）並みの生活を手に入れることができる、という「大きな物語」も信じられていた。それは、車、テレビ、冷蔵庫、洗濯機、クーラーなどがある、便利で快適な生活であり、綺麗な服で着飾った、都会的でおしゃれな生活への憧れでもあった。その実現に可能性を与えていたのが、高度経済成長である。

しかし一九七〇年代の半ばには、状況は大きく変化する。高度経済成長の時代が終わり、憧れていた豊かな生活が実現するようになったからだ。

生活が豊かになれば、社会を変革する必要性は感じなくなってしまう。それに加え、連合赤軍によるリンチ殺人や浅間山荘事件の実態を目の当たりにした知識人や学生は、マルクス主義に失望し、そこに理想を見出すことができなくなった。また豊かな生活は、実現されてしまえば、もはや憧れの対象ではなくなり、がんばっていい生活を手に入れる、という希望も消えてしまう。

こうして、戦後、大きな影響力を持ち続けた価値観は崩壊し、豊かな生活への夢は消失した。また、多くの人々が都会へ出て働き、核家族を形成して新しい生活をはじめていたため、地域共同体や大家族は解体し、伝統的な価値観も急速に失われつつあった。このことによって、社会共通の価値観、「大きな物語」は歴史の舞台から姿を消し、個人主義と価値観の相対化が社会全体に浸透していったのである。

一九八〇年代に高度消費社会に突入すると、多くの人々は生活にゆとりが生じ、個人は自分なりの価値観で自由に生きればよい、という考えも広まった。こうした価値相対主義の進展を後押ししたのが、ポストモダンと呼ばれる現代思想であった。その代表格であるフーコー、ドゥルーズ、デリダといった思想家たちは、絶対的な価値観は存在しないと主張し、特定の価値観に偏る危険性について、周到な論理で説明してみせたのだ。

確かに社会に共通する価値観が存在しなければ、自由に生きる上で制約が少ないだろう。そのため、価値観の相対化はおおむね好意的に受け止められてきた。しかし一方では、何をすれば周囲に認められるのか、生きている意味を実感できるのか、その方向性が見えなくなるのも事実だ。すなわち、ニヒリズムと承認不安の蔓延が懸念される。

特にバブルの崩壊以降、豊かな生活さえも危うくなったことで、この不安はより一層深刻なものになっている。なぜなら、就職がままならないフリーターや派遣社員の人々は、職場の集団的承認が十分得られないだけでなく、結婚によって親和的承認を得ることも難しいからだ。

このように、現在、承認不安は社会全般に広まり、深刻な苦悩をもたらしている。社会共通の価値観が失われたことは、ある意味では自由の可能性を拡げたし、もはや自由は社会を変革して勝ち取るようなものではなくなった。しかし同時に、周囲の承認を得るための規準も見失ってしまった。そのため多くの人々は周囲の人間に同調しがちになり、過度に気を遣うあまり、自由であるはずなのに一向に自由を感じることができない。自由という大海のなかで羅針盤を失い、さまよい続けている。

こうして、近代社会が生み出した「自由と承認の葛藤」は、現代において新たなステージに移行した。それは自由が拡大する一方で、承認を得る可能性が狭くなり、じわじわと承認不安が満ちてくる、といった現象として捉えることができる。現在の日本社会は、こうした傾向が顕著に現われているのである。

「社会の承認」から「身近な人間の承認」へ

近代になって「自由と承認の葛藤」が生じたとき、最初に「個人の自由」と葛藤していたのは、「社会の承認」であった。

近代以降、少しずつ自由に生きる条件が整い、また自由の意識が浸透しはじめると、ただ社会の要請に従って生きることは、自己不全感をもたらすようになった。しかし、社会の価値観に従わなければ、自己価値の承認は得られない。そのため、自由を求める一方で、ある程度まで自己を抑制せざるを得ず、ふだんの自分は社会の価値観（社会規範）に合わせた「偽りの自分」にすぎない、「本当の自分」は社会に抑圧されている、と感じていたのである。

現在では、社会共通の価値観は大きくゆらいでいるため、社会の抑圧性はあまり感じなくなっている。そのため、自由に行動する可能性は確実に拡がっている一方で、何をすれば社会に認められるのか、誰もが認めるような価値ある行為とは何なのか、その規準が不透明になっている。形骸化した社会共通の価値観に準じて行動しても、それを周囲が承認してくれるのか否か、あまり確信を持つことができないし、そこには承認の規準が見えない分だけ、強い承認不安が生じやすい。

こうした状況においては、周囲にいる人々（身近な人間）に認められるか否かが、より重要になってくる。自分の行為に価値があるのか、それを自分で確かめる参照枠がない以上、誰か適当な人間に確認してみるしか道はないからだ。

無論、社会共通の価値観が浸透していた時代においても、身近な人間に認められるか否かは誰もが気にかけていただろう。しかしそのような時代には、自分の行為に価値があるか否かは、社会共通の価値観に照らし合わせてみれば確認できた。そのため、たとえ身近な人間に認められなくとも、自らの行為の価値を信じることができたはずだ。

だが現在の日本社会では、身近な人間の承認は社会共通の価値観とは関係なく、身近な人間同士で共有された独自の価値観が承認の規準になっている。しかもそれに加えて、相手の気分を敏感に察知し、場の空気を読み、柔軟に相手の言動に合わせることも必要になる。なぜなら、身近な人間は顔の見える相手であり、共有された価値観のほかにも、さまざまな感性や考え方を示しあうことになるので、その微妙な違いが表面化しやすいからである。

たとえば同じ職場で仕事の価値観を共有していても、ちょっとしたコミュニケーションの齟齬や行き違いで、たちまち緊張関係が生じ、仲間はずれ、揶揄《やゆ》、陰口、といった事態が生じてしまう。まして仲間や友だち関係のように、共有された価値観が最初から曖昧で流動的な場合、その都度の状況ごとに、相手が好む行為かどうか、仲間が共感してくれる行為かどうかが、仲間の承認を維持する上で重要になる。

こうしていま、個人が葛藤する対象は「社会」から「身近な人間」へと移っている。そのため、親や所属集団など、身近な人々の言動に対する同調や迎合を繰り返す人も増えているのだが、こうした状況が長く続けば、周囲に迎合している自分に嫌気がさし、「偽りの自分」を演じているように感じられ、自分が本当は何をしたいのか、あらためて問い直すことになる。そして「本当の自分」でありたい、と強く願うようになる。

現代の「自分探し」は、こうした親や所属集団の抑圧から「本当の自分」を解放しようという試みであり、それは同時に、新たな承認の可能性を求める当所《あてど》のない旅なのである。

変化する精神病理

「社会の承認」から「身近な人間の承認」へと葛藤の対象が変わったことは、各々の時代の精神疾患、特に神経症に反映されている。

かつて神経症の多くは「個人の自由」と「社会の承認」の葛藤に原因があり、結果的に個人の自由が社会規範に負けて制約され、「本当の自分」が抑圧されてしまった状態であった。フロイトの患者であるエリザベートの症例を思い出してほしい。彼女は社会共通の道徳規範との間で葛藤し、自分の本当の感情（本当の自分）を抑圧したために神経症になったのだ。社会の抑圧を神経症の原因に挙げた最初の人物はフロイトだが、抑圧されている対象を「本当の自分」（「本来的自己」）として説明したのは、フロイトの弟子で後に離反したユングが最初であった。

ユングによれば、神経症は集団に適応できない人と、個性が発育不全の人に分けることができる。前者の治療に関しては社会への適応を目指す治療が適しているが、後者にこれと同じ治療方法を用いれば個性が破壊されてしまうため、社会への過剰な適応をやめ、本来の感情や個性を自由に表現できるようにしなければならない（『無意識の心理』一九一六年）。それは、過度に抑制され、無意識となっていた感情や思考を意識化し、表現することでもある。

また、新フロイト主義のカレン・ホーナイはこう述べている。「たとえば利他的という文化的イデオロギーがないなら、神経症患者は、自分の自己中心性をかくすだけでなく、幸福になりたいという自然の欲望をおさえつけて、自分自身のために何も欲しがっていないというふりをしなければならないとは思わない」（『精神分析の新しい道』一九三九年、安田一郎訳、誠信書房、一九七二年）。身を犠牲にして他者のために行動することが賛美される社会（文化）では、自分を抑えてでも他者のために行動せざるを得ない。だが、そうした「本当の自分」（「真の自己」）の抑圧は神経症を招いてしまうのである。

しかし先に述べたとおり、現代の先進資本主義諸国では社会共通の価値観がゆらぎ、相対主義が広まっている。それにともない、「個人の自由」と葛藤する対象は「社会の承認」から「身近な人間の承認」へと移行しつつある。このことは、次のような事態をもたらしたと言える。

まず、絶対的な価値判断の基盤を失い、何をすれば価値あることなのかがわからなくなり、生きる意味が見出せなくなった人間が増えている。ヴィクトール・フランクルは、こうした生の意味が得られない苦悩を「実存的欲求不満」と呼び、第二次世界大戦後、神経症は劣等感よりも実存的欲求不満が原因になるケースが多いのだと述べている（『精神医学的人間像』一九五七年）。事実、現代の先進資本主義諸国には人生に虚しさを感じるニヒリズムが蔓延し、こうした理由から自殺する者も増えている。日本社会はその典型と言えるだろう。

「実存的欲求不満」は深刻な自己価値の不安をもたらすので、周囲の人々の承認はより一層重要性を増す。なぜなら、生の意味を感じるためには、自分のやっていることに価値を感じる必要があり、その価値を判断する規準を見失ってしまえば、周囲の価値判断（評価）に頼るしか道がないように思えるからだ。その結果、自然な感情や欲望は身近な人間関係のなかで抑制され、周囲の承認ばかりが過大視されてしまう。

現代カウンセリングの礎《いしずえ》を築いたカール・ロジャーズは、「他者による評価は私の指針にはならない」（第2章前掲『ロジャーズが語る自己実現の道』）という言葉を教訓に挙げているが、これは周囲の人々の評価（承認）ばかりを気にして行動していれば、やがて素直な感情を押し殺し、「本当の自分」を見失ってしまう、ということを意味している。「本当の自分」が抑圧される原因は、周囲の人間の評価に対する過剰な自意識なのである。

「身近な人間」は社会ほど強制力（抑圧する力）があるわけではないし、身近な人間関係のなかで無理に自分を抑え込まなくとも、社会的な信用を失うわけでも、罪悪感に囚われるわけでもない。本来、そこには自由にふるまう余地が十分にある。それでも多くの人々が身近な人間関係から逃れられず、「空虚な承認ゲーム」を繰り返し、その挙句に神経症やうつ病、自殺に至るケースが後を絶たないのは、周囲の承認なくしては自己価値を確信できないからなのだ。そこには生きる意味を見失うことに対する強烈な不安がある。

いまやこうした「身近な人間」に対する承認不安こそが、神経症の、というより心の病全般の中心的問題になっている。

なぜ「うつ病」になるのか

先に「神経症とは不安への防衛反応である」と説明したが、神経症のように防衛反応が身体症状や恐怖反応、強迫行動として現われなくとも、不安を避けようとする心の働き自体は、あらゆる人間に共通するごく一般的な反応だと言える。しかし現代社会では、承認不安に対する防衛反応とも言うべき行動が歪んだかたちで現われている。

社会共通の価値観が信じられていれば、その価値観に準じた行動をしている限り周囲の承認は保証され、それほど承認不安が表面化することはない。しかし、こうした価値観への信頼がなければ、自己価値を保証する基盤もなくなり、周囲の人々に対して承認への不安を感じるようになる。そして、この不安が暗示する状況、すなわち他者に批判され、軽蔑され、自尊心が傷つけられるような状況を避けようとして、さまざまな行動がなされることになる。

典型的なのは「空虚な承認ゲーム」における同調行動である。それは、自分が関与する集団の人間から批判され、仲間はずれにされないように、白い眼で見られないように、周到に配慮された行動であり、場の空気を読み、同調行動が功を奏して承認が維持されているうちは、承認の不安を一時的に遠ざけることはできる。だがそこには、価値ある行為や知識・技能を承認される場合に生じるような充足感はない。承認によって自分の行為の価値を確信し、自信に満ちたよろこびを味わう、といった可能性はないのだ。したがって、自分に対して承認不安をごまかすことはできても、それが完全に解消されることは決してない。

このような心の奥底にくすぶり続ける承認不安は、ちょっとしたコミュニケーションの齟齬によって再燃し、過剰な防衛反応、不合理で歪んだ行動を生むことも多い。たとえば周囲の人間の批判を怖れるようになり、そうした対人不安によって、学校や職場などの人間関係を自ら断ち切り、家にひきこもってしまうケースもある。他者の視線に異常に怯える視線恐怖などの神経症も、こうした悪循環の延長線上に生じたものだろう。

また、承認不安を回避しようとする行動は、失敗したと感じられれば強い抑うつ状態を生み、それは容易にうつ病へと移行する。うつ病はいま、日本だけでなく世界的にも増えているが、おそらくその背景には、身近な人間に対する承認不安の蔓延がある。

精神科医テレンバッハの『メランコリー』(一九六一年)によれば、うつ病になりやすい人の典型は、秩序正しく几帳面で、仕事についても勤勉で責任感が強く、他者に対しても気遣いができる人物だが、このような行動パターンは決して特殊なものではない。誰もが承認への欲望から一定の勤勉性と対人配慮を心がけている。しかし、その根底に強い承認不安があれば、他者の承認を維持するために、こうした行動は過剰になり、大量の仕事をこなし、神経質なほど相手に気を配ることになるだろう。そしてこれらの行動に疲弊して行き詰まったとき、もはや何をやっても無駄だと感じる諦念の心理状態に、すなわち抑うつ状態に陥ってしまうのである。

ただ最近、日本の若年層を中心に増えている「新型うつ病」と呼ばれるものは、テレンバッハの主張したうつ病像とはかなり異なっており、さほど勤勉でなく、責任感が強いとも言えない。精神科医の傳田健三によれば、「若い人に多く、自己中心的で、自分にとって好きなことがあると元気になり、都合が悪いことがあると調子が悪くなるという気分反応性が見られ、自責感に乏しく他罰的」(『若者の「うつ」』ちくまプリマー新書、二〇〇九年)なのである。これは一見、承認不安とは無関係なようにも見える。

だが、現代日本が社会共通の価値観が失われた社会であることを考えれば、「新型うつ病」の根底にも強烈な承認不安があり、その内実は従来のうつ病と同様、「承認不安への防衛反応が挫折した状態」として捉えることができる。

価値観が相対化された社会では、勤勉性や対人配慮を特質とする人間像は、もはや社会共通の理想的人間像ではないため、そこから逸脱することにさほど抵抗は生じない。そのため多くの人間は、私生活まで勤勉に過ごすことはなく、好きなことをして楽しむことができる。その一方で、身近な人間に対しては承認不安があるため、ふだんは場の空気を読み、同調しがちになる。そしてこの承認不安が過度に強ければ、ちょっと批判されただけで、自分の全存在が否定されたように感じられ、キレて相手に怒りをぶちまけたり、簡単に落ち込んでしまうのだ。

このように考えると、「新型うつ病」と呼ばれる人間の行動パターンが、いかに現代の承認不安を反映しているかがわかる。もっとも、「新型うつ病」は正式な病名ではないし、専門家の間でも統一的見解があるわけではないが、ここ数年の間に新しいタイプのうつ病が増加しているのは確かである。

このような傾向は、社会共通の価値観が失われ、身近な人間の承認が重要性を帯びていることと無関係ではない。しかもこの状況は、身近な人間関係の破綻が容易に承認の挫折を招くため、勤勉で対人配慮のある人間にはより強いストレスを招き、以前よりもさらに抑うつ状態になりやすくなっている。おそらくこのことが、現代社会においてうつ病が増えている根本的な原因なのである。

親の価値観は相対化できるか？

神経症、うつ病を通して、周囲の批判を回避する行動について見てきたが、このような行動（承認不安への防衛反応）は過剰で不合理なものにならない限り、誰にでも見られる人間の自然な存在様態と言ってよい。ただ、承認不安の強い現代社会では、この傾向が顕著で歪みやすくなっているのも事実だ。それはちょっとしたきっかけで、神経症、うつ病へと転化する。

また、承認不安への防衛反応、他者の批判を避けるための行動パターンは、人生の中で身近な人間からどのような承認を得てきたのか、その経験が大きく関わっている。なかでも幼少期から繰り返される親の承認と否認の影響力が大きいことは、すでに説明したとおりである。

偏った承認の与えられ方を幼少期から繰り返していれば、承認不安は強くなり、承認を得るための行動（承認不安への防衛反応）も偏ったものになりやすい。なぜなら、それがどんなに不合理な命令、実現困難な期待であったとしても、子どもは親に嫌われることだけは絶対に回避しようとするからだ。親に過大な要求や期待をされ続け、失敗した場合は過度の叱責や非難を浴びせられる、といった経験を繰り返して育てば、いつも他者の非難に怯え、過度に相手に配慮したり、承認への過剰な努力をやめられない。あるいは親に虐待を受け、徹底して自己価値を貶《おとし》められて育てば、自己肯定感が持てなくなり、卑屈な態度をとるようになる。

こうした歪んだ行動様式が自己ルールとして身につくと、親以外の人間関係においても同じ行動パターンを繰り返してしまい、激しい苦悩がもたらされる。現代の精神疾患の多くは、こうした承認不安に対する無自覚で不合理な防衛反応を中核としているのである。

無論、親の承認がすべてを決定するわけではないし、たとえ親が偏った価値観を押しつけたり、歪んだかたちで承認や否認を与えていても、親以外の第三者との関わりのなかで、親の価値観は相対化され、不合理な行動様式（歪んだ自己ルール）は一般性のあるものに修正される可能性がある。

しかし現代社会においては、親の価値観を修正するメタレベルの価値観が存在しないため、親の影響下に形成された自己ルールを相対化することは難しくなっている。しかも価値相対主義、個人主義が広まり、各々の家族には互いに干渉しない、という風潮も強くなっており、加えて、核家族化が進み、近所付き合いも希薄な状況では、親の価値観やルールが絶対視されやすい。その結果、家族の中で形成された自己ルールや行動様式はあまり修正されないまま大人になるケースも多いのだ。

一九八〇年代に日本でポストモダン思想が流行した際、批評家の浅田彰はドゥルーズとガタリの思想を援用しつつ、こう主張している。近代社会には目に見えるような超越者、権力者はいないが、家族のエディプス関係が生み出す超自我は、私たちの行動を抑制している最後の支配者になっている。社会規範は両親との関係のなかで取り込まれ、内面化された規範（超自我）となって個人を支配する（『構造と力』勁草書房、一九八三年）。わかりやすく言えば、親の価値観は社会の価値観のコピーであり、子どもの価値観もそのコピーとして形成され、子どもを内面から社会規範に従う主体にしてしまう、というわけである。

なるほど確かに、家族の価値観は子どもの内面に取り込まれ、親のルールは超自我となって内面から子どもの行動を規定している。しかし、社会共通の価値観（社会規範）が影響力を失った現在、超自我（自己ルール）はもはや親を介した社会規範のコピーではない。それは親の独自な価値観が反映された自己ルールにほかならない。

いまや親の価値観を反映した期待や要求、命令を相対化し、一般性のある自己ルールを形成することは想像以上に困難である。だが一方では、親の価値観の正当性を保証するメタレベルの価値観（社会規範）も存在しないため、どこか信用しきれない感じを抱く子どもも少なくない。彼らは学校などで教師や同級生と接するようになると、親から伝授された価値観に混乱が生じ、何が価値あることなのか、何をすれば承認が得られるのかがわからなくなる。そのため、とりあえず周囲の人々（特に同級生）に同調することで、承認を確保しようとするのである。

承認不安の時代

この章では、「自由と承認の葛藤」を軸に据えて近代以降の心理的問題の変遷を追い、その変化の本質を明らかにしようとしてきた。

近代社会の到来は「自由」の可能性を拡げたが、それはまず社会の「承認」と対立し、葛藤を生み出すことになった。自由に生きる条件が揃いはじめ、自分の好きなように生きたい、自由に行動したい、という欲望も高まったが、それはしばしば社会規範と対立し、深刻な葛藤をもたらしたのだ。そこから、「本当の自分」は社会に抑圧されている、という世界像も生み出された。かつての神経症はこうした「個人の自由」と「社会の承認」の葛藤から生じた病であったし、（旧タイプの）うつ病にしても、社会規範への過度の迎合という傾向が顕著であった。

しかし現在の日本社会では社会規範が弱体化し、「社会共通の価値観に準じて行動すれば認められる」という保証がなくなっており、強い承認不安が生じている。そのため、「個人の自由」と「社会の承認」の葛藤、社会規範による個人(本当の自分)の抑圧、という図式は崩れているのだが、「個人の自由」と「身近な人間の承認」の葛藤が心理的苦悩をもたらし、多くの精神疾患の原因になっている。

ただ、日本の社会ではもともと「身近な人間」の承認に対する意識が高かったのも事実である。

たとえば対人恐怖症と呼ばれる神経症は、他者の批判や蔑視を過度に怖れ、他者との対面や集団の場では焦燥感と恐怖心を抱く病だが、これは昔から日本人に多い病として知られている。その理由は諸説あるが、岸田秀は『幻想の未来』(河出書房新社、一九八五年、講談社学術文庫、二〇〇二年)において、「日本人はその自我の安定を他の人たちに支えられて保っているがゆえに、対人恐怖が強い」と述べている。これに対して、欧米人の自我は神に支えられているので、あまり対人恐怖にはならない、というわけである。

確かに日本人は昔から一神教的な神への信仰がないため、もともと社会規範に絶対性を感じることがないのかもしれない。その分、価値判断の規準は身近な人々の直接的な承認に多くを負うことになり、彼らの言動に対して過剰に反応しやすい、と考えることもできる。だとすれば、日本において「身近な人間」の承認に執着する傾向は、かなり以前から存在していたことになるだろう。

文化人類学者のルース・ベネディクトは、第二次世界大戦中に執筆した『菊と刀』(一九四六年)のなかでこう述べている。日本のような恥の文化で「良い行い」をするのは、内面にある罪の意識(キリスト教的価値観)からではなく、周囲の人々が見ているからである、と。これは日本社会の特質を見事に示していると同時に、日本では戦前から「身近な人間」の承認を重視していたことが理解できる。

だが、この傾向が日本社会に古くからあったとしても、かつては社会共通の価値観が存在していたし、承認の対象も身近な人間よりも拡がりを持っていた。「世間」を気にする、という昔からある日本人の感度はこのことを示している。見ず知らずの人間であっても、何らかの縁で同じ場所に居合わせていれば、彼らの視線は「世間の目」として気にせざるを得ないものであった。また実際に居合わせていなくとも、出会う可能性のある人々、縁のある人々はみな承認の対象であった。

しかし、社会共通の価値観が崩れた現在では、承認の対象も家族、友人、所属集団など、本当にごく身近な顔の見える人々だけになっている。もはや、社会の抑圧に異を唱えて社会変革を求める人、社会から「本当の自分」を解放し、自由を手にしたいと考える人はほとんどいないだろう。

社会規範の拘束力は弱くなり、社会は自由に生きることを認めている。しかしそれでも、多くの人は自由には生きられない、見えない縛りを感じている。それは身近な人間関係の縛りであり、一見、抜け出すことは容易に見えるのに、なぜか抜け出すことができない。生きる価値を見失ったニヒリズムのなかで、自己価値の承認を手にする道筋が見出せず、身近な人間関係のなかで「空虚な承認ゲーム」を繰り返してしまうのだ。

では、このような承認不安と自己不全感から抜け出すことはできるのであろうか。自由と承認の葛藤を乗り越えることははたして可能なのか。この問いに答えることが、最終章（第5章）のテーマである。

第5章　承認不安からの脱出

「認められたい」不安からの出口

かつてないほど承認への不安に満ちた社会。それは現代の先進資本主義諸国に共通している状況だが、日本社会はこうした状況が最も顕著に現われている。近代社会の到来にともなう自由の拡大と、「自由への欲望」とともに自覚化された「承認への欲望」。そして価値観の相対化による承認不安の増大。歴史の流れを考えれば、それが必然的なことであったことは容易に理解できる。

こうした承認不安は、親和的承認や集団的承認など、身近な人間の承認ばかりが重視され、一般的承認のような見知らぬ大勢の他者の承認は無視される、というかたちで現われている。それは社会共通の価値観が壊れたことによる必然的な結果であった。

社会共通の価値観が不明確になれば、内面において一般的承認を想定することは難しくなる。すると自分の行為が周囲から認められるかどうか確信が持てなくなり、学校や職場などでは、とりあえず相手の表情やしぐさに注意を払いながら調子を合わせ、相手の気分を損ねないように柔軟に対応してしまう。周囲の人間から認められるためのマニュアルがないため、絶えず場の空気を読み、感情を抑えて過剰な配慮をしてしまうのだ。

また一方では、親から与えられた価値観を相対化し、自己ルールを一般性のあるものに修正することが難しくなる。そのため、幼少期から親に過大な期待や偏った要求を向けられ、従わなければ親の承認を享受できなかった人間は、親の承認に執着し、親にとっての「いい子」を演じ続け、強い自己不全感を抱えるようになる。精神科医ロナルド・D・レインの言葉を借りるなら、「にせ自己を承認されて真の自己を承認されないその個人は、にせの境地におかれる」(『自己と他者』一九六一年、志貴春彦他訳、みすず書房、一九七五年)のであり、にせの境地にある者は、にせでないことに罪や恥や不安を感じるため、なかなかそこから脱け出せない。

このように現代の承認不安は、親和的承認に対する強い渇望、集団的承認における行為の価値の軽視、一般的承認に対する期待の消失、というかたちで顕在化している。これは、三つの承認の相補的な関係がうまく機能していないということだ。

では、こうした承認不安に起因する苦悩から脱する方法はあるのだろうか?

この問題を考える上で重要なのは、「承認への欲望」だけでなく「自由への欲望」にも配慮しなければ、根本的な解決にはならない、という点にある。「空虚な承認ゲーム」や神経症、うつ病など、承認を得るために自由を犠牲にしているケースは少なくない。承認を確保するために自由を捨てれば自己不全感に陥るし、かといって、自由に生きても承認を捨てれば「生の意味」を見失ってしまう。

したがって、私たちが考えなければならないのは、「自由と承認の葛藤」を解消し、「自由への欲望」と「承認への欲望」が両立する道にほかならない。その鍵になるのは、「自己了解」と「一般的他者の視点」ではないか、と私は考えている。

「自己了解」は自分の不安と欲望に気づき、自己ルールの歪みを修正することを可能にする。これによって、親和的承認と集団的承認を得る可能性が開かれるはずだ。また、「一般的他者の視点」は一般的承認の可能性を拡げてくれる。それだけでなく、「自己了解」も「一般的他者の視点」も自由の意識をもたらす可能性を持っている。

詳しくは以下で説明するが、このことを理解してもらうためには、そもそも「自由」とは何なのか、まずはその本質から考えてみる必要があるだろう。

自己決定による納得

私たちが「自由」という言葉から即座にイメージするのは、社会の法や慣習、世間の眼差し、親の命令や期待など、自分の意志による行動を阻害し、自然な感情の表出を抑圧するような、そうした縛りから解放されることである。そして確かに、こうした「拘束からの解放」が自由の本質契機であることはまちがいない。

しかし、それだけが自由の本質だとすれば、前章で見たとおり、自由と承認の葛藤、対立は避けがたいだろう。なぜなら、自由に行動することは、社会の法や慣習、世間の視線を無視した行為となり、たちまち他者の承認を失ってしまうことになるからだ。

だが、現象学の観点から「自由」の本質を考えてみるなら、自由という言葉は必ずしも拘束からの解放だけを意味するわけではないし、「自由と承認の葛藤」も必然的なものではない。

たとえば、他人のために身を犠牲にして働いている人が、「相手を助けたいから、自分の意志でやっているのだ」と述べるなら、それは「個人の自由」だと誰もが思うだろう。また多くの人間は、自己を抑制して周囲に迷惑をかけないように配慮するものだが、このとき、他人を困らせたくない、他人から蔑まれたくない、という動機を自覚した上でやっているなら、そうした行為は「自分の意志でやっている」という納得感がある。そして、こうした自己決定による納得感によって、自由の意識は保たれている。

このように、「自己決定による納得」は自由の最も重要な本質契機なのである。

現代社会においては、かつて見られたような厳しい社会規範による個人の抑圧は存在せず、多くの人が自由に生きる条件を手にしている。しかし、それにもかかわらず、人々は自己を抑制して周囲の人間に同調しているため、自由を実感することができないでいる。社会のルールや価値観からは解放されても、身近な人間関係の目に見えない縛りに、それと気づかないまま繋がれているからだ。

これは社会が強制したものではなく、自分で自分を縛っている面があり、自分の態度次第で変えられる可能性を持っている。必要なのは、他者への同調をやめ、他者の拘束から解放されること以前に、まず自分でどうしたいのかをよく考え、納得し、答えを導き出すことにほかならない。十分に考えて納得した上でなら、その人間関係から脱け出すにせよ、そこにとどまるにせよ、それは自分の意志で決定したことであるため、自由の意識は保たれるだろう。

こうした自己決定ができたときにのみ、自由と承認は両立する可能性を持つ。「解放は自由の条件ではあるが、けっして自動的に自由をもたらすものではない」(『革命について』一九六三年、志水速雄訳、ちくま学芸文庫、一九九五年)というハンナ・アレントの言葉を、私たちは肝に銘じる必要があるだろう。

しかし、納得のいく自己決定をするためには、まず自分自身をよく知る必要がある。自分の欲望や不安を知らなければ、納得のいく判断などできるわけがないからだ。

仕事で疲れているにもかかわらず、毎晩のように仲間に誘われて飲み会に顔を出し、夜明けまで付き合わされることも多い人がいたとしよう。決して強制されているわけでもないのに、仲間の前ではいい顔をしてしまうので、よろこんで付き合っていると思われている。しかも付き合っている間は仲間に過度に気を遣うため、自分の自由をまったく感じることができず、心身ともに疲労の極みに近づきつつあるが、それでもなぜか、毎晩の付き合いを断ることができない。

このような人間は、仲間の承認に不安を感じ、仲間はずれにされることを極度に怖れている可能性がある。そのため仲間の要求を断れず、期待に沿うことばかりをニコニコしながらやってしまう。その上、自分の承認不安に気づかないため、「たまには家で休みたい」という自分の欲望が強く意識されず、自分の本音を見失っているのである。

彼が毎晩の付き合いを断り、家で休むためには、まずこうした自分の不安と欲望に気づく必要があるだろう。それによって、自分のしている行為が本当の気持ちに見合ったものかどうか、過度に感情や欲望を抑制していないかどうか、自ら省《かえり》みることができるようになる。

先に述べた「自己了解」とは、こうした自己への気づきのことだ。

自己了解によって自分自身の欲望に気づくことができれば、その欲望からかけ離れた行動をやめるにせよ、欲望を抑えて行動するにせよ、自分なりに十分吟味した上で、納得のできる判断（自己決定）をすることができる。そこに、「自分の意志でやっていることだ」という自由の意識が生じるのだ。

自己了解の原理

自分の欲望や不安に気づけない場合、まず先入観を捨てて自分の感情に耳を傾けることが必要である。それまでの自己理解、自己像に執着せず、自分のありのままを知ろうとすること、そして自分の内にある感情を素直に受け入れること、それが自己了解においてきわめて重要な一歩となる。

先に挙げた、飲み会を断れない男の例で言えば、もし彼が仲間と会っている際の緊張感、飲み会を解散した後のホッとした気分に注意を向けることができるなら、自分が本当は飲み会に付き合いたくないことに気がつくだろう。そしてよく考えてみれば、いつも率先して仲間のグラスに酒を注ぎ、話を合わせて盛り上げるなど、過剰な配慮をしていた自分にも気づかされ、自分が仲間の承認に不安を感じ、無意識のうちに承認を維持しようとしていたことを自覚するのだ。

自らの承認不安と休みたい願望の葛藤に気がついたとき、彼はどうすれば自分にとって一番いいのか、納得できる答えを導き出せる地点にたどりついたと言える。休みたい欲望を優先させて仲間の誘いを断るにせよ、認められたい欲望を優先して飲み会に付き合い続けるにせよ、自分の欲望を十分理解した上で決めるなら、自分の意志で選んだことに納得ができるからだ。

このように、先入観を捨てて自分の感情に注意を向けるなら、自分で気づかなかった思いが見えてくる。

ハイデガーは『存在と時間』（一九二七年、『世界の名著74 ハイデガー』原佑他訳、中央公論社、一九八〇年）において、「気分において現存在は、すべての認識や意欲以前に、また認識や意欲が開示する射程を超えて、おのれ自身に開示されている」と述べているが、これは、自分なりに考えて行動しようとする以前に、感情（気分）こそ、自分がほんとうにしたいこと、すべきことを指し示している、ということだ。感情は自己了解を導く最良の鍵なのである。

しかし、感情に眼を向けることで自己了解できる、と言っても、実際にはなかなか容易なことではない。特に強い先入観や歪んだ自己像・自己ルールを持っている人間は、そうした自己像・自己ルールに反する感情を認めることは難しいだろう。なぜなら、人間の自己像および自己ルールは、幼少期から繰り返される両親の承認形式に大きく規定されており、それを否定することは承認不安をともなうからだ。

たとえば、「協調性のある人間」という自己像を抱き、周囲の人間に過剰な配慮や同調をしている人がいたとしよう。その行動様式は、一見、親の協調性を重視するしつけから形成されたように見える。しかし実際には、子どものときから、親の期待や命令に従わなければ叱られ、強い承認不安を抱いてきたため、承認を得るために絶えず親に対して過剰な配慮を続け、そうした対人行動の自己ルールを形成してしまったのである。

しかし、自己像・自己ルールの誤りを認めることは、アイデンティティのゆらぎをもたらし、生き方の変更を余儀なくされる可能性があるため、なかなか容易なことではない。しかも「協調性のある人間」という自己像は、親への承認不安を覆い隠す役割を担っているため、そのことを自覚すれば、親子間の葛藤を再燃させる怖れがある。そのため、なおさら自覚するのは困難なのである。

したがって、自分一人では自己了解が難しい場合、誰か信頼できる人間に協力を求めることが望ましいだろう。親友や恋人、あるいはカウンセラーでもいい。「ありのままの自分」を受け入れてくれる存在（親和的他者）に自己の分析を手伝ってもらえば、自己了解はより一層生じやすくなる。

そもそも承認不安に無自覚で、自己ルールの歪みを認められないのは、そのルールが承認を維持するためのルールであるからだ。幼少期に親の承認を維持するために作られたルールが、あらゆる人間関係において承認を維持するための行動様式になっていることも少なくない。したがって、そのルールの歪みを認め、修正することは、誰にも承認されなくなるかもしれない、という強い承認不安をともなわざるを得ない。承認不安によって作られた自己ルールは、それを捨てても他者に見捨てられない、他者の承認は維持できる、という確信がなければ変えることはできないのだ。

だからこそ、親和的他者の存在が必要になる。彼らは自分が幼少期から身につけたルールを遵守しなくても認めてくれる存在として、承認不安を払拭してくれるだろう。このことによって自己了解が生じ、「ありのままの自分」を認めることができるのだ。

「ねばならない」と感じるのはなぜか

ここで自己了解の原理を実際に使えるように、自己分析の方法を試験的に組み立ててみたいと思うのだが、その前にひとつ留意すべきことがある。それは、ただ感情に気がついただけでは、そこに承認欲望があることをすぐには認められない、ということだ。

たとえば、周囲の人間に認められたいために、嫌な仕事を引き受けたり、手助けをしている人間は、「みんなのために、やらねばならない」と感じている。そうした感情に眼を向けても義務感に気づくだけで、すぐには「みんなに認められたい」という承認欲望が根底にあることは自覚できない。それは、こうした「やらねばならない」という義務感が自己ルールから生じているため、あたりまえのように感じてしまうからだ。

自己ルールは最初、親の承認を介して形成される。親に認められたいから、親の命令や要求を受け入れ、その期待に沿った価値観、行動様式を作り上げる。それは普通、さまざまな人間関係のなかで修正され、他者一般に承認され得るような自己ルールとなり、親の期待とは無関係に、自分の価値観に従った行動様式として認知されるようになる。そうなると、もはや当初の承認欲望はそうした行動様式（自己ルール）の動機としては意識されないのである。

しかし、親に対する強い承認不安によって、自己ルールが過度に厳しいものに形成されているなら、それは親に認められるために、非難されて見捨てられないために、親の期待や要求に見合った行動様式を取り入れた歪みのあるルールであり、成長後もさまざまな対人関係に適用され、承認の維持が暗々裏の目的とされる。それは自分の価値観に準じた行為としては認知されず、納得感もないため、自己不全感を避けることができない。

ホーナイは神経症者について、「彼らは一連の『すべきだ』と『ねばならない』によって支配されている」（前掲『精神分析の新しい道』）と述べているが、それは親の歪んだ欲望によって内面化された、非合理的な固定観念なのである。

したがって、自らの感情に注意を向け、「〜ねばならない」「〜すべきだ」といった義務感が生じている場合、そしてそこに自己不全感が生じている場合、その根底に承認不安がないかどうか、親への承認不安に基づく自己ルールが存在しないかどうか、よくよく考えてみる必要がある。こうした内省によって自己不全感の理由が明確になるなら、納得のいく自己決定を導き出すことができる。

以下、義務感などのように、「ねばならない」「すべきだ」というような実感のことを「当為」と呼び、このような当為の根拠を考える思考作業は「当為の分析」と呼ぶことにしよう。

それは感情からの自己了解に引き続いて必要とされる作業であり、これによってはじめて、承認不安による葛藤の全体像が俯瞰《ふかん》できるようになり、自分なりにどうすべきなのか、その答えを見つけ出す準備が整うことになる。

自己分析の方法

感情からの自己了解、そして当為の分析へ、という自己分析の一連の流れを整理すると、おおよそ次のようになる。

〈自己分析のプロセス〉

感情（気分）の内省　↓　欲望と当為の自己了解　↓　（親和的他者の協力）

→ 当為の分析（自己ルールの発生的分析と修正）→ 今後の行為を自己決定

具体的に例を挙げて考えてみよう。

Aさんは常に「働かねばならない」と思い込み、会社では膨大な残業と休日出勤を繰り返している。他人に対する配慮も完璧で、過剰な気遣いと言えるほどである。しかし、そのような日々を送っていたため、心身ともに疲弊し、徐々に仕事の能率も下がり、自分の納得のいく仕事、対人配慮ができなくなってしまった。すると今度は、そうした自分が情けなくなり、挽回しようと必死で努力してしまう、という悪循環に陥ったのである。

次第に日々の生活が苦しさを増してきたAさんは、自分の感情に注意を向け、自分自身の見えざる本心を探ろうとした。すると、「休みたい……」と感じている一方で、強迫的に「働かねばならない」と感じている自分を発見し、自分がその葛藤の中で苦しんでいることに、あらためて気づかされたのである（欲望と当為の自己了解）。

しかし、休むことができないのはなぜなのか。定時で仕事を終えても給料は十分あり、金に困っているわけでもない。しかも上司や同僚も休養を勧めており、休んだからといって彼らの信頼（承認）を失うわけでもない。ちょっと考えただけでは、「働かねばならない」という当為の根拠は十分納得できるものが見当たらず、どうして休むことができないのか、自分でもわからない。

そこでAさんは、学生時代の親友Yさんに相談してみることにした。Yさんとは昔から何でも話し合える間柄で、気心が知れていた。家族との葛藤も話したことがあり、自分の弱さや欠点も、Yさんにならさらけ出すことができたのだ。

久しぶりに会ったYさんと、最初は職場の環境など、現在の状況を中心に話し合っていたが、そのうちAさんは、自分が単に「働かねばならない」と感じていたのではなく、「他人の何倍もがんばらねばならない」という自己ルールを抱えていたこと、それは客観的に見ればかなり偏ったものであることに気づかされた。それはYさんの、「そこまで働かなくても、まわりの人は評価してくれるだろ」「それはいくらなんでも働きすぎだよ」といった言葉によって自覚できたのである。

なぜこのような偏った自己ルールが形成されたのか、Yさんとあれこれ話しているうちに、やがて幼少期の家族関係に話が及び、幼い頃から絶えず親の承認に強い不安を抱いていたことが思い出された。勉強であれ何であれ、他人より優秀でなければ父親から叱責を受け、「お前はまだまだ努力が足りない」と言われ続けていた。ときには父親が納得する最低限の結果を残すこともできたが、それも他人の何倍も努力してやっとのことであった。そのため、他人の何倍もがんばることが、父親の承認を維持するための行動様式となっていた。

こうした親に対する承認不安こそが偏った自己ルールを形成し、それは親以外の対人関係においても適用されるようになっていたのである（当為の分析）。

ここまで気づくことができれば、現在の「他人の何倍もがんばらねばならない」という自己ルールが不合理で、非現実的なものであること、周囲の人々の承認を得るためにそこまで過剰な努力は不要であることが理解できる。こうして彼は、この歪んだ自己ルールを修正し、適度な承認への努力は続けるが、もう少し自由に行動してみよう、と考えられるようになったのだ。

さらにAさんは、Yさんから「仕事ばかりでなく、もっと趣味を楽しんだりしたほうがいい」と助言され、インターネットを通して歴史サークルに加入することにした。学生時代に好きだった歴史をもう一度勉強してみたいと思ったからだ。このサークルにおいて、彼はさまざまな人々と出会い、ネット上で議論したり、読書会に出かけるようになるのだが、お互いの知識や考えを認め合うことで、期待を超えたよろこびを得ることになった。そして、自分が誰かに認められること、認め合える場所を強く求めていたことに、あらためて気づかされたのである。

このように、感情から欲望と当為を自己了解し、当為の分析へ歩を進めることは、「欲望と当為の葛藤」を克服する可能性を持っている。当為の分析は、その根底にある身体化された価値観・自己ルールに焦点を当て、その形成過程（特に過去の親子関係）に眼を向ける作業であるため、強い承認不安がともないやすい。だからこそ、先入観を排してこの分析を進めるためには、「ありのままの自分」を承認してくれるYさんのような、親和的他者の存在が必要だったのである。

Aさんの「欲望と当為の葛藤」（「休みたい」と「働かねばならない」の葛藤）は、「自由と承認の葛藤」を本質としている。彼は承認のために自由を犠牲にしていたのだが、それは歪んだ自己ルールのもたらした無駄な犠牲であった。しかし自己分析の結果、理由のわからない苦しみから解放され、彼は必要以上に働いたり、過剰に気を遣ったりするのをやめ、承認を維持できる範囲で自由を取り戻すことができた。また、歴史サークルの活動をはじめたことで、「自分のやりたいことをやっている」という自由の感覚、そして価値の共有に基づく集団的承認を得ることができたのだ。

無意識の解釈

ところで、承認欲望を自己了解するプロセスは、基本的に「無意識にあった承認への欲望に気づかされる経験」として意識される。たとえば、「明るい人だとみんなに思われたい、と無意識のうちに願っていたから、つまらない駄洒落ばかり言ってたんだな」という具合に、自分の承認欲望が自覚される際、私たちはそれを「無意識」という言葉を用いて思考し、表現することが少なくない。

そもそも、「自分は無意識に○○だったんだな」と思ったとき、人はいままで気づかなかった自分を発見し、自己像（自分自身についての理解）を刷新しているのだが、それは結局、自己了解が生じていることと同じである。

自分を自信家だと思っていた人間が、大勢の人間の前でスピーチをする直前に、鼓動が高鳴り、冷や汗が出てきたとしよう。そのとき彼が、「平気だと思っていたが、無意識のうちに失敗を怖れていたのかな……」と思ったとしたら、自信家という自己像は修正されるだろう。それは気づかなかった自分（スピーチに自信がない自分）に気づくという、自己了解の経験にほかならない。

あるいは、自分は他人の評価など気にしない人間だと思っていた人が、ある会合に出席して意見を求められ、自分の考えを抑えて周囲に同調してしまったとする。それも最初は自分の意見をしっかり言うつもりであったにもかかわらず、ついそうしてしまったのだ。そして会合の帰途、彼は「自分は無意識のうちに、他人の批判を怖れていたのだ……」と考えた。この場合もまた、他人の批判を怖れ、承認を求めている自分に気づかされているので、自己了解の経験だと言える。

このように、自分の無意識に気づかされたと思える経験には、必ず自己了解が生じている。というより、「無意識」とは自己了解の後に想定された観念であり、無意識が実際に発見されるわけではない。（詳しくは拙著『「本当の自分」の現象学』〈NHKブックス、二〇〇六年〉にて、本質観取を用いた無意識の現象学的分析を試みている）。だからこそ、前述したような自己分析のプロセスにおいても、「無意識」という言葉を用いて思考することが多いのだ。

ここで思い出すのが、精神分析における治癒過程である。精神分析においては、治療者が患者の無意識を解釈し、それを患者が理解すれば神経症は治る、という原理を基本としている。治療者による無意識の解釈によって、患者は思ってもみなかった自分の欲望に直面する。それは最初、なかなか受け入れられないが、やがて「無意識のうちに欲望していた」と認めるとき、神経症は治りはじめるのである。ただ、なぜそれで治るのかは、フロイトもその後の精神分析家（クライン、ウィニコット、エリクソン、コフートなど）もあまり明確な説明をしていない。

だが無意識の本質が自己了解であるなら、その理由も理解できる。

そもそも無意識の解釈によって「性欲と道徳心の葛藤」を意識化する、というフロイトが最初に考案した精神分析のプロセスは、まさに「欲望と当為の自己了解」そのものだ。

しかも無意識を解釈する精神分析家は、信頼できる他者（親和的他者）として承認を保証する位置に立っているため、本来は認めることに抵抗があるはずの（道徳心の根底にある）承認不安を自覚することができる。

したがって、精神分析における無意識の解釈に治療効果があるとすれば、信頼できる他者の承認を介して「欲望と当為の自己了解」が生じ、自己決定が可能になるからだと考えられる。

また、フロイトは無意識の解釈において「幼少期の親子関係」（特にエディプス・コンプレックス）を重視しており、晩年には「性欲と道徳心の葛藤」を「エスと自我の葛藤」として一般化し、抑圧された欲望の分析（エス分析）のみではなく、自我および超自我の分析（自我分析）の必要性を強調している。超自我は身体化された親のルールであり、親の「〜ねばならない」という命令や要求が内面化されたものなので、その分析は当為を自覚し、その根拠を幼少期の親子関係にまで遡って分析するものだと言える。したがって、エス分析が欲望の自己了解を意味するなら、自我分析は当為の自己了解および「当為の分析」を内実としている。

そう考えると、「分析操作をつづけてゆくさいには、ある時はエス分析をある時は自我分析をという具合に、たえず振子のように治療の努力を交互に向け換えていく」（「終りある分析と終りなき分析」一九三七年、前掲『フロイト著作集6』）という最晩年のフロイトの発言には、強い説得力があると言えるだろう。

フロイト理論と自己分析

以上のような精神分析療法の本質について、前章で紹介したフロイトの症例「エリザベート」を参考にしていま一度考えてみることにしよう。この作業は、自己分析を構成する「欲望と当為の自己了解」および「当為の分析」の流れを確認する上でも大いに役立つと思う。

エリザベートは歩けないほどの両足の痛みを訴えていたが、フロイトは心に原因があるヒステリーと診断。彼女に過去の出来事を自由に連想をさせた結果、姉の死の直後、これで義兄（姉の夫）の奥さんになれる、という考えに襲われたことが思い出された。そこでフロイトは、彼女は義兄に恋愛感情を抱いていたが、その感情は社会の道徳規範に反するため、また姉への罪悪感もあり、抑圧してしまったのではないか、と解釈した。不倫や性欲などに対して現代よりもはるかに厳しい道徳規範の存在した十九世紀末の西欧社会では、実際の不倫はおろか、義兄に愛情を抱いたことだけでも激しい葛藤が引き起こされるのであり、これによって彼女の密かな願望は無意識に抑圧され、ヒステリー症状（両足の痛み）に転換されたのだ。

フロイトの解釈に対して、最初、エリザベートは激しい抵抗を示したが、徐々に症状が緩和されていったという。彼女は、「義兄と結ばれたい」という欲望と「貞淑な女性でなければならない」という当為の葛藤に気づかされたのだ（欲望と当為の自己了解）。したがって、両足疼痛の症状が緩和したのは、自己了解の効果によるものだと考えられる。

また、彼女がその解釈を（最初は抵抗しつつも）受け入れたのは、彼女の願望を不倫として非難するわけでもなく、ただ治癒を願って語りかけてくるフロイトの存在があったからではないだろうか。彼の公平な治療態度こそ、非道徳的な感情によって他者の承認を失うかもしれない、というエリザベートの不安を一時的に払拭し、抵抗を緩和して解釈を受け入れることを可能にしたのである。

ところで、エリザベートの道徳感情が親の道徳観を内面化した「超自我」によるものだったとしても、それは当時の社会規範（厳しい道徳観）を反映していたはずだ。では、もしエリザベートが現代社会のように厳しい道徳規範が崩壊した社会に生きていて、同じようなヒステリー症状を起こしたとしたら、一体どのように考えられるだろうか？

現代人の多くは、実際に不倫するのは許せないが、相手が誰であれ、恋愛感情を抱いてしまうこと自体は責められない、と考えている。義兄に愛情を抱いただけで、性的行為に及んだわけでもなければ、人々はそれほど責めないであろうし、抑圧するほどの強い罪悪感が生じる人間も少ないはずだ。それゆえ、エリザベートが現代に生きていたとして、やはり義兄への愛情だけでヒステリーになったなら、彼女の超自我にはかなりの歪みがある、と考えることができる。

たとえば、仮に彼女の母親が過度に厳格な道徳観の持ち主で、エリザベートが思春期に恋心を抱いただけでも、「いやらしい」などと非難するような人間であったとすれば、あるいは父親が実際に不倫をしていて、それに対して激しい嫌悪感を持っていたとしたら、彼女の超自我（自己ルール）は恋愛感情や不倫に対して過度に厳しいものになるだろう。そして確かに、義兄に少しでも恋愛感情を抱いただけで即座に抑圧してしまうはずである。これは現代人の倫理観からすれば、大げさすぎる反応であり、多くの人は自意識過剰にさえ思えるはずだ。

したがって、問題は社会との葛藤ではなく、親子関係の反映された超自我との葛藤であり、超自我（自己ルール）の分析が重要になる。フロイトがエス分析と自我分析を治療の両輪と考えたように、抑圧された愛情を（エス分析によって）自覚するだけでなく、身につけた自己ルール（超自我）の歪みとその原因を（自我分析によって）自覚することが必要なのである。その内実が「欲望と当為の自己了解」および「当為の分析」であることは、もはや言うまでもないだろう。

社会学者のアンソニー・ギデンズは、「フロイトによる心理療法の新規性は、主体的に未来を切り開くために、自分の過去を再点検することにあった」(『暴走する世界』一九九九年、佐和隆光訳、ダイヤモンド社、二〇〇一年)と述べているが、これは当為の問題には踏み込んでいないものの、精神分析の本質が自己了解であることをうまく言い当てている。

伝統がすたれ、各自がライフスタイルを自由に選択できるようになった近代社会においては、能動的に自己同一性を確立する必要性が生じてくるため、セラピーやカウンセリングが繁盛するようになる、とギデンズは言う。まったくそのとおりだが、その内実を十分理解するためには、人間の承認欲望および「自由と承認の葛藤」についての本質的理解が必要なのである。

自己了解から「一般的他者の視点」へ

さて、私たちは自らの承認不安に気づき、歪んだ自己ルールを修正する方法として、「欲望と当為の自己了解」および「当為の分析」の必要性について考えてきた。フロイトはある意味で、この方法の先駆者だったとも言える。

こうした自己分析は自分一人でもできなくはないが、承認不安が過度に強い人には難しいため、「ありのままの自分」を受け入れてくれる他者の手助けが必要になる。親和的他者の存在によって承認不安は一時的に解除され、承認不安とその原因を認めることが可能になるからだ。

しかし、このような信頼関係、親密な関係において成立する自己了解は、相互の主観が強く反映されやすい、という問題が残る。二者関係においてもたらされた自己像は、二人だけの合意によって成立したものであり、より多くの人々の同意を得られるかどうかはわからない。

たとえば、承認不安から職場の同僚たちに気を遣いすぎて、心身ともに疲れていたとしよう。そこで親友に相談したところ、過度に自分の自由なふるまいを抑制し、自己不全感に陥っていたことを発見したとする。ここまでは、ある意味で順調に自己了解が進展していたと言える。しかし、「職場の人たちのことなんか、気にすることはない。好きなようにやればいい」という親友の助言によって、職場の人間に対する気遣いを急にやめたところ、「何だか最近あの人わがままだね」という噂が流れはじめ、強いストレスを感じるようになったのだ。

これは少し極端な例かもしれないが、彼は自分の自由なふるまいへの欲望には気づいたが、問題の根底にある承認不安については十分に自己了解できていなかった。それは親友も同様であり、彼らは自由を解放すれば万事解決、と思い込んでしまったのだ。もし自分の心にある根深い承認不安に気づいていたなら、ある程度は自由にふるまうとしても、周囲への一定の配慮も忘れず、承認を維持することができたであろう。

このように、二者関係において獲得された自己像や自己ルールには、第三者が介在しない分、歪みが生じるリスクがあることも否めない。それは二者の間でのみ成立する現実であり、他の人々の共有する現実とズレがある場合、第三者からは「二人だけの思い込みにすぎない」と見なされてしまう。しかも承認不安が強いほど相手に対する依存心も強く、相手の言動を過大評価しがちになるため、相手が冷静で客観的な観点を持っていなければ、その分、歪みが生じやすい。

なるほど、二人の間には相互の承認が成り立つため、世間から背を向けられたとしても、親和的承認による安心感は確保できるかもしれない。しかし、それが一般性のない行為の判断を導くなら、周囲の人間関係に齟齬をきたし、集団的承認や一般的承認を得ることができなくなる。

そこで、二者関係において自己了解された自己像や自己ルールを、「一般的他者の視点」から再検討することが必要になる。多様な他者を想定し、その自己像は多くの人が共通了解してくれるのか、その自己ルールに基づいて行動しても他者は承認してくれるのか、それをよく考えてみるのである。このことによって私たちは、自らが納得して行動しているという自由の意識を確保し、より多くの人間から承認を得る可能性を拡げることができるだろう。

そもそも二者関係に限らず、独力で自己分析した場合にしても、主観的な解釈によって自己ルールの修正に歪みが生じたり、他者の承認が得られない行為へと向かうことは少なくない。したがって、自分一人で自己分析し、自己了解した場合においても、やはり「一般的他者の視点」で見直してみることが望ましい。

無論、長期にわたって周囲から承認が得られなければ、ストレス下で強い承認不安が生じ、「一般的他者の視点」から冷静に内省することができなくなる。あるいは、最初から「一般的他者の視点」が十分に形成されていないため、周囲の言動に左右されやすい人もいる。だが、信頼できる他者との間で自己了解できるなら、そうした人たちにも「一般的他者の視点」の可能性は開かれる。それは、幼児が母親の親和的承認という安心感のなかで「一般的他者の視点」を身につけるのと同じである。

「一般的他者の視点」から多くの人が承認し得る行為かどうかを考えることは、結果的に多くの人々が共有する価値観を尊重し、これに迎合することになるのではないか、と思うかもしれない。それは周囲への同調を招くだけではないか、と。

しかし、「一般的他者の視点」から内省して判断することは、他者の承認の可能性を十分吟味し、その価値を確信した上で行動することになるので、強い納得感をともなっている。したがって、それは他者の承認を重んじた行動であっても、決して他者への同調行動にはならないはずだ。そこには自分の意志で決めたことによる、自由の意識が確保されている。

「一般的他者の視点」は他者から承認される可能性を拡げ、しかも自己決定によって自由を保持したままなので、自由への欲望と承認への欲望をバランスよく両立することができる。そこには確かに、「自由と承認の葛藤」を解消する道があるのだ。

価値の普遍性は取り出せるのか?

これまで私たちは、承認不安による心理的苦悩を解消し、「自由と承認の葛藤」を克服する方法として、信頼できる他者の承認を介した自己了解、および「一般的他者の視点」について言及してきた。

自己了解は自由な自己決定を導き出す。自らの欲望に気づき、不合理な当為の源泉である自己ルールの歪みを自覚できれば、自分が本当は何を望み、何を為すべきなのか、十分に納得した上で行為を選択することができる。自己像と自己ルールを刷新し、新たな可能性に向けて歩を踏み出すことができる。たとえ承認不安が過度に強く、一人で自己分析をすることが難しい人でも、信頼できる他者の親和的承認があれば、歪んだ自己像や自己ルールへの執着は失われ、新しい自己像と自己ルールを受け入れる準備ができるはずだ。

さらには、自己分析によって得られた自己像・自己ルールを「一般的他者の視点」から再度見直し、より一般性のある自己像・自己ルールに修正すれば、周囲の人間との間にあまり齟齬を生じることもなくなる。つまり一定の承認を確保した上で、自由な生き方を追求することができる。また、この視点は誰もが認めるような価値（普遍的な価値）を意識させるものなので、社会的な承認の可能性を拡げる役割をはたすのである。

「社会のなかで一般的に認められるような価値」などというものは、価値観の相対化した現代社会においては成り立たないのではないか、と疑問を感じる人もいるだろう。そもそも客観的に正しい価値規準など存在し得ないし、「一般的他者の視点」によって普遍的な価値を求めるなど、最初から不可能な試みなのではないか、そう反論する人もいるかもしれない。

なるほど、確かに「客観的に正しい価値」などというものは、認識の原理上、想定することができない。特に現代のような価値相対主義の時代にあっては、そのような絶対的な価値は信じることさえ困難であろう。これまで述べてきたように、だからこそ、現代人の多くは他者に承認される価値の規準を見失い、身近な人間の承認を確保するために、相手の言動に過剰な同調をしてしまうのだ。

しかし、価値観の相対化した現代社会においても、「一般的に認められるような価値」がまったくないわけではないし、価値観や信条の異なる人々が共通して「価値がある」と認めるような対象や行為はやはり存在する。それは「客観的に正しい価値」とは言えないが、多様な立場の人々が共通して認める価値であり、そこに私たちは価値の普遍性を確信することができる。そして、このような意味での「価値の普遍性」を「一般的他者の視点」から導き出すことは、決して不可能な試みとは言えない。

では、価値観や信条、関心の異なる人々が共通して「価値がある」と認めるような対象や行為とは、一体どのようなものであろうか？

道徳的価値の普遍性

たとえば、関心や価値観が異なる人間であっても、一生懸命にがんばってその道に精進していれば、その「努力」は承認してくれるだろう。陸上部で毎日練習を積み重ねている人間に対しては、誰もが「陸上に関心はないが、あの練習量は大したものだ」と思うだろうし、仕事や勉強に励んでいる人間に対しては、どのような価値観や立場の人であっても、普通はその努力を認めるはずである。それは、当人が目指していた表現や結果への評価ではないが、その人自身のあり方に対する承認という意味で、自己価値の確信に深く関わっている。

実際、何らかの努力をしている多くの人が、価値観や感性の異なる人々でも、自分の努力は認めてくれるだろう、と心のどこかで思っている。私たちは多くの場面で「一般的他者の視点」を想定し、一般的承認の可能性を暗々裏に確信しつつ行動しているのである。

「努力」の他にも、「やさしさ」や「勇気」「忍耐力」「ユーモア」など、関心や価値観が異なっていても共通して認められる可能性を持つ価値は存在する。そして私たちはこのような価値に関わる行為をしているとき、普通は誰でもこの「努力」（あるいは「やさしさ」「勇気」「忍耐力」「ユーモア」等）を認めてくれるだろう、それだけの価値はあるはずだ、としばしば心のどこかで思っている。それは自覚的ではないとしても、「一般的他者の視点」から多様な人々の承認を想定しているのである。

ところで、こうした関心や価値観が異なる人間の間でも承認され得る価値のなかで、ひときわ重要な意味をもつ価値がある。他人を傷つけず、困っていれば助ける、といった道徳的な行為に対する価値がそれである。

たとえば、道端に倒れて苦しんでいる人を助けることは、誰に聞いてもほぼ例外なく、価値ある行為だと認めるはずだ。病人やけが人、老人をいたわり、幼い子どもを危険から守り、災難に遭った人を手助けすること。他人を苦しめたり、差別して貶めたりしないこと。こうした道徳的な行為に価値を認めない人間は、よほど偏った思考の持主だけだろう。

このような価値には、関心や価値観の違いを超えて、共通了解される可能性がある。なぜなら、これらの行為は人間なら誰でも「もし自分が同じ立場であったならしてほしい行為」だからである。

生命の危険に晒《さら》されたり、身体に危害を加えられたり、軽蔑されたりすることは、どのような人間であっても耐え難い苦痛であり、誰かに助けてほしいと思うのが普通だ。誰しも苦しいところを助けられた経験があれば、同じ状況の他者に出遭ったとき、その苦しみも助けられた場合のよろこびも、容易に想像できる。そして「一般的他者の視点」から、その行為が「正しい」「すばらしい」と多くの人が共通して認め得るか否かを吟味し、価値の普遍性を確信することができる。

すでに第2章でも説明したように、道徳的行為が「一般的他者の視点」から普遍的な価値判断を導き出す可能性を持つのは、このような意味においてである。

普遍的な価値判断と言っても、「一般的他者の視点」によって客観的に正しい価値判断が得られる、道徳的な真理が見出せる、と言いたいわけではない。あくまでも、ほとんどの人間が共通して認め得るような価値判断のことだ。

したがって、道徳的行為には身近な人間の承認を超えて、「見知らぬ他者」に承認される可能性がある。親和的承認を与えてくれるような家族、親友、恋人が身近にいなくとも、集団的承認を与えてくれるはずのクラスメイトや職場の同僚、サークルの仲間との間で軋轢が生じたり、「空虚な承認ゲーム」に陥っていても、道徳的行為によって一般的承認を得る可能性は常に開かれている。少なくとも、「一般的他者の視点」からその価値を確信することができるのだ。

もちろん、「一般的他者の視点」によって一般的承認を確信できたとしても、現実に周囲の人間から承認されなければ、そこによろこびは生じない。しかし、この視点によって自らの道徳的行為の価値を確信できるなら、私たちは身近な人々に承認されない不遇感や承認不安に耐え、自己価値を信じることができるのである。

信念対立を超えた承認

ところで、道徳的行為に個人の関心や信条（価値観）を超えて評価される可能性があるとすれば、現在のような価値観が相対化した社会にあって、道徳的な価値は共通了解が成立し得る貴重な領域であり、「一般的他者の視点」は承認の可能性と自己価値の確信をもたらすだけでなく、価値観や信念の対立を調停する可能性を持っていることになる。

すでに述べたように、社会共通の統一的な価値観があった時代には、「一般的他者の視点」はあまり必要とされていなかった。その価値観に準じて行動しさえすれば、周囲の承認を得ることができたからだ。しかし、こうした統一的価値観が失われてしまえば、私たちは相互に認め合うための価値規準が見えなくなる。そのため承認不安が強くなり、「空虚な承認ゲーム」に囚われたり、特定の価値観を信憑することで承認不安を解消しようとする。そして異なった価値観を共有する小集団が乱立し、承認ゲームは仲間内だけで行われるようになる。

異なった価値観の集団が互いに干渉しないなら、内輪で認め合うことに異を唱える必要はない。しかし、異なった価値観の集団はしばしば対立し、相手を貶めることで自己価値を保持しようとする。身近な他者の承認への執着が「見知らぬ他者」の排除につながるのだ。数多《あまた》の戦争や差別が物語っているように、それは結果的に人間の自由と尊厳を蹂躙する。価値観を共有する人々の間で認められればそれでよい、と考えていても、他の価値観を共有する人々との間で対立が生じれば、やはり安穏とはしていられないだろう。

そこで、異なった価値観を有する人々の間にも、共通して認め合えるような最低限のルールが必要になる。多様な立場の人々、異なった価値観の人々の間でも、なおかつ共通了解し得る価値を見定め、誰もが承認し得る行為の価値規準が必要になるのだ。

アレントによれば、さまざまな他者を想像し、彼らを考慮に入れた上で、彼らが同意するような判断を見出そうとする努力こそ、多くの人間が共通了解し得る価値判断を導き出す鍵となる。彼女は次のように述べている。

わたしが自分の思想のうちに思い浮かべることのできる人々の意見の数が多ければ多いほど、それはさらに代表的なものとなると言えます。こうした判断の妥当性は、客観的で普遍的なものではありませんが、主観的なものでもありません。これは個人的な癖には左右されますが、間主観的で代表的なものなのです。(「道徳哲学のいくつかの問題」『責任と判断』二〇〇七年、中山元訳、筑摩書房、二〇〇七年)

ナチス体制下において、多くの人々がナチズムという価値観を信憑し、その社会規範に服従してしまった過去がある。完全に信じていたわけではない人々も、信じているふりを続けなければ社会的承認を失ってしまう、という恐怖に駆られていたはずだ。ジジェクの指摘したシニシズムは、多くの人々の心を支配していたと思われる。

ナチスに抵抗した人々も少なからず存在したが、アレントによれば、彼らは自己の信念のためにそうしたのであって、決して他者のためにそうしたわけではない。真に他者のために行動するためには、多様な他者の立場に立って考えることが必要になる。アレントはそう考えたのである。

この考え方は、私が提示した「一般的他者の視点」とかなり近いものだ。このような視点は一般的承認の可能性をもたらし、自己の存在価値を肯定する上でとても重要であるだけでなく、独善的な誤った価値判断をある程度まで避けることができるため、他者に迷惑をかけることも、害悪をもたらす可能性も少なくなる。それは道徳的な過ちを犯さないためにも不可欠な視点と言ってよい。

また、こうした内面において想定される「一般的他者」は、アダム・スミスの主張する「中立的な観察者」とも通じる面がある。

アダム・スミスによれば、ある行為について感謝したり憤慨したりする場合、その行為や感情（感謝や憤慨）が適切なものかどうかを、私たちは自分自身の心の中で、その行為に利害関心がない公平な他者、中立的な観察者の立場から判断しようとする。そして、「あらゆる中立的な観察者の心が完全にこれらに同感するとき、すべての利害関心のない傍観者が完全にこれらにはいりこみ、ついていくときに、正当と思われ是認される」（『道徳感

情論（上）』一七五九年、水田洋訳、岩波文庫、二〇〇三年）。

内面における「中立的な観察者」の承認こそ、ある行為がよいのか悪いのか、その行為に対する感謝や怒りが正当なものなのか否かを決めるのだ。

しかし実際には、人間が自らの利害関心を抜きにして、公平に行為の正当性を判断することは容易でない。利己心から生じる欲望や不安によって、しばしば公平で中立的な観察者の視線が曇らされてしまうからだ。「この自己欺瞞、人類のこの致命的な弱点は、人間生活の混乱の半分の源である」と、アダム・スミスは言う。だからこそ、「中立的な観察者」を心の中に形成し、そこへ立ち返って判断することが必要になる。

このような公平で中立的な他者の観点は、多様な立場の他者の反応を経験し、誰もが納得するような価値判断を導き出す観点であり、「一般的他者の視点」にほぼ相当する。

多くの人々が「一般的他者の視点」から他者に配慮できるなら、そこから得た結論を話し合い、より大勢の人々が共通了解できるような道徳的行為の規準を見出すことができる。単に話し合って合意を得ようとしても、価値観や信念のぶつけ合いになりかねないし、せいぜい妥協点が見出せるにすぎない。しかし、各々が自分の持つ価値観から判断することを留保し、多様な立場の人々、異なった価値観の人々が共通して承認できる行為を考えるなら、信念対立を調停するような、より納得のできる共通ルールを構想する可能性が開かれる。

これはルソーが社会契約の基盤に「一般意志」を置いたのと同じであり、誰もが望むであろうことを基本に据えてルールを作り出す作業にほかならない。そして、社会全般に共通したルール、共有された価値が成立することで、私たちは承認を得るための共通基盤を確保し、過度の承認不安を払拭することができる。道徳的な行為によって自己価値の失墜を防ぐことが可能になるのだ。しかも他の価値観の集団から自由を侵害されるリスクも減少するため、私たちは他人に迷惑をかけない範囲で、自分なりの価値観を自由に信じることもできる。

このように、「見知らぬ他者」を排除することなく、価値観を共有する人々との間で承認ゲームを展開するために、あるいは、そうした身近な人々からの承認(集団的承認、親和的承認)が得られず、最低限の承認(一般的承認)を確保するために、私たちは社会全体に共有される最低限のルールや価値を必要としている。個人がお互いに自由を承認し合い、自由と承認の可能性を確保するために、「一般的他者の視点」は重要な役割をはたすのである。

承認不安を超えて

すでに述べたように、価値観の多様化が急速に進展した現代では、家族や仲間など、身近な人間の承認にのみしがみつきやすく、他者一般の承認を想定することが困難になっている。社会共通の価値を信頼していなければ、「見知らぬ他者」の考えや気持ちを想像するのは難しくなり、「一般的他者の視点」は消失する。

しかしそれでも、「一般的他者の視点」が不可能になったわけではないし、誰もがこの視点から内省する可能性を持っている。

たとえば身近な他者を超えて、「誰でもそう思うはずだ」「みんながそう感じるだろう」という確信を持つことは、大抵の人が経験しているだろう。それは十分に多様な他者の立場に立った普遍的な判断ではなくとも、すでに「一般的他者」が意識されている。それは私たちが心の発達過程において、自然と身につけてきたものだ。後は、この「みんな」という言葉で示された「一般的他者」に価値観の異なる人々を含め、より自覚的に考えるようにすれば、きっと道は開けてくる。

身近な人間の考えばかりを気にするのではなく、他の考え方を持った人々の意見にも耳を傾け、書籍やテレビ、インターネットを介してさまざまな価値観を理解し、なぜそのような考え方をするのか、その理由(動機)を考えるようにすること。そして、そこに共通了解を見出そうとすること。その繰り返しが、「一般的他者の視点」による判断力を培《つちか》ってくれるだろう。

　道徳的価値のように、価値観の異なる人々でも共通して認め得る価値も存在するのだから、「異なる価値観の人間とは認め合えない」という先入観は捨て、こうした価値について自覚的に「一般的他者の視点」から考えるようにすれば、この視点はより一層成熟したものになるはずだ。

　私自身、若い頃はこうした先入観に囚われ、相対主義的な考え方を強く持っていた。それは周囲の理解が得られず、十分に認められていないと感じたときでも、他人と考えが違っても気にすることはない、自分は自分なんだ、という慰めにもなっていた。しかし、どこか承認不安は拭いきれないまま、自己肯定感を持つことができなかったのだ。

　そうしたなか、私は現象学の考え方に出会い、ひとつの光明を見出した。すでに説明したとおり、現象学では誰もが共通了解し得る意味を「本質」と呼び、これを洞察すること（本質観取）を重視する。私はさまざまな事象や概念の本質を現象学的に考え、それを哲学の研究会や書籍などで発表しはじめたが、共感や賛同の声は私に承認の充足感をもたらし、異なる価値観の人間同士でも共通了解が可能なことを確信させてくれた。

　しかもそれは「一般的他者の視点」を鍛えるトレーニングになっていた。なぜなら、本質について「誰もが共通了解し得る」と確信するためには、多様な他者の承認を想定できなければならないし、それは結局、「一般的他者の視点」から洞察することにほかならないからだ。

本書もまた、「一般的他者の視点」から人間の承認欲望を考察し、その本質を導き出そうとする試みと言える。誰もが「認められたい」という欲望を抱く以上、そこには大勢の人間が共通して了解し得る意味（本質）があるはずだ。本書における出発点は、まさにこの点にあった。もちろん、実際に多くの人々に共通了解されるか否かは、読者諸氏の反応を待つしかない。

承認の不安に対して、承認の得られる居場所（コミュニティ）を具体的に用意すべきだ、コミュニケーション・スキルを訓練したほうが現実的だ、などと考える人もいるだろうし、そうした人たちから見れば、私の提示した方法は少し迂遠《うえん》に思えるかもしれない。

確かに居場所を用意され、コミュニケーションの技術が少しでも高まれば、一時的に承認不安は解消されるだろう。だがそれは、身近な他者の承認のみを対象としているため、ちょっとしたことで承認不安が再燃し、「空虚な承認ゲーム」に転化する可能性がある。そこには承認を確保するだけで、自由を確保する道がない。しかもこの承認の内実が空虚なものであれば、承認不安はつねにつきまとい、自己価値に自信を持つことは難しい。

しかし、自己了解と「一般他者の視点」による内省ができるなら、私たちは身近な他者の承認のみに執着せず、「見知らぬ他者」の承認を確信することで、また自分の意志で行為を選択することで、自由と承認、両方の可能性を切り開くことができる。たとえ承認不安への即効性がないとしても、私たちはこの可能性を捨てるべきではないのだ。

おわりに

昨年の暮れから、「タイガーマスク運動」と呼ばれる慈善活動が全国に広まっている。アニメ『タイガーマスク』の主人公「伊達直人」の名前で、ランドセルや文房具、おもちゃ、現金などを、匿名で児童養護施設に寄付する、というものだ。発端は一件の匿名の寄付であったが、これを知った多くの人々が共鳴し、各地で「伊達直人」名義での寄付が次々に起こり、匿名での慈善の輪はますます拡大しつつある。

このニュースを聞いて、子どもの頃によく耳にしていた、タイガーマスクのエンディングテーマを思い出した。「あたたかい人の情けも、胸を打つ熱い涙も、知らないで育った僕はみなしごさ。強ければそれでいいんだ、力さえあればいいんだ、ひねくれて星をにらんだ、僕なのさ……」。いま口ずさんでみても、なんとも哀しい歌である。

親の愛と承認（親和的承認）を知らずに育った伊達直人は、強くなることで逆境を乗り切ろうとして、国際的な悪役レスラー養成所「虎の穴」に入門する。強い人間になることで、自己の存在価値を底上げし、社会を見返してやろうと思ったのだ。私も子どもの頃にいじめられ、柔道をはじめた経験があるので、この感覚はよくわかる。

しかし、どんなに強いプロレスラーになって周囲が賞賛しても、そうした社会的な承認(集団的承認)を得るのは覆面を被ったタイガーマスクであって、素顔の伊達直人ではない。自らが育った養護施設の「ちびっこハウス」では、子どもたちに「キザ兄ちゃん」と慕われながら、正体を明かさないまま金銭的に援助を続けている。孤独に生きてきた伊達直人が求めていたのは、強さによって認められることではなく、素の自分を受け容れてくれる親和的承認であったからだ。

一方、タイガーマスク運動において寄付をしている人々は、まさに覆面を被ったままの状態であり、正体を明かさず、自らの行為の価値を信じている。彼らは子どもたちの親和的承認を求めているわけでも、慈善活動による集団的承認を求めているわけでもない。これは具体的な承認を求めない行為ではあるが、おそらく彼らの心中には一般的承認の想定(「誰もがその価値を認めるはずだ」という確信)が成り立っている。そうでなければ、自分は役に立っている、と信じることは難しいだろう。

このような想定が可能であったのは、多様な人々が認めるか否かを吟味する力、すなわち「一般的他者の視点」があったからだ、と考えることもできるが、メディアの影響力も無視できない。おそらく伊達直人を名乗った匿名の寄付者たちは、テレビや新聞、インターネットでこの運動に対する世間の評価(賞賛の声)を、さらには自らの行為への評価を確認し、「私は価値あることをしている」という確信と喜びを抱いたはずだ。そうなると、直接誰かに承認されることは必ずしも必要ではなくなってくる。

価値相対主義の広まった現代においても、道徳的な行為の価値は誰もが共通して認め合える可能性が高く、その価値に普遍性を感じやすい、と私は本書で述べてきた。タイガーマスク運動はその可能性を如実に示している。実際に寄付をすることが難しい若い人々のあいだでも、この行為に共感する声が相次いでいることは、いまの日本社会にとって大きな希望であろう。

無縁社会とも言われるように、現代では家族や会社、地域のきずなが希薄になり、ただ存在するだけで受け容れてくれるような、承認(親和的承認)の得られる居場所が目に見えて減少しつつある。その一方で、価値観の相対化にともなって、承認(集団的承認)を得るための行動に確信が持てず、空虚な承認のやりとりのみが横行する。これでは、コミュニケーション能力の高い人間だけが承認され、ますます社会に承認不安が広まるばかりである。

だがもし、私たちが誰かを助けるための行為に価値を認め(=一般的承認の想定)、それを遂行することができれば、そうした行為の連鎖は孤立した人々の心に火を灯し、「自分は見捨てられていない」という親和的承認の実感を与えることになるだろう。また人助けをした人々も、単に自己承認できるだけでなく、相手の感謝や周囲の賞賛によって、実際に承認が得られる可能性は高いはずだ。こうして、社会のなかで少しずつ相互に承認し合えるきずなが深まっていくなら、現在のような承認不安も払拭されていくのではないだろうか。

そんなに簡単にはいかない、と思うかもしれない。しかし、原理的には十分に可能性があるのだから、私たちはその希望を失うべきではない。私はそう思うのである。

本書の成立にお力を貸してくださった方々へ、この場を借りてお礼を言いたいと思う。企画段階で相談にのってくださった坂上祐介さん(現・創元社)、そして出版の機会を与えてくださり、原稿について適切なご指摘をくださった講談社現代新書の田中浩史さん。お二人のご尽力がなければ出版に漕ぎ着けることは到底できなかった。特に田中さんには、当初の予定より大幅に脱稿が遅れたにもかかわらず、寛大かつ柔和な対応でお待ちいただいた。心より感謝申し上げたい。

早稲田大学の竹田青嗣さん、東京医科大学の西研さんには、原稿に眼をとおしていただき、貴重なご意見の数々をいただいた。長年にわたってお二人から学んできた哲学的な思考は、本書で展開した理論の礎になっている。

最後に、いつもながら的確なアドバイスをくれた妻・高京愛と、執筆のあいだ癒しを与えてくれた娘たち（みれ、あん）に感謝したい。

二〇一一年二月

山竹伸二

JASRAC 出 1101724-408

N.D.C.361　222p　18cm
ISBN978-4-06-288094-7

講談社現代新書　2094

「認《みと》められたい」の正体《しょうたい》　承認不安《しょうにんふあん》の時代《じだい》

二〇一一年三月二〇日第一刷発行　二〇二四年一二月三日第八刷発行

著者　山竹伸二《やまたけしんじ》　

発行者　篠木和久
発行所　株式会社講談社
東京都文京区音羽二丁目一二―二一　郵便番号一一二―八〇〇一
電話　〇三―五三九五―三五二一　編集（現代新書）
〇三―五三九五―五八一七　販売
〇三―五三九五―三六一五　業務
装幀者　中島英樹
印刷所　株式会社ＫＰＳプロダクツ
製本所　株式会社ＫＰＳプロダクツ
定価はカバーに表示してあります　Printed in Japan

「講談社現代新書」の刊行にあたって

教養は万人が身をもって養い創造すべきものであって、一部の専門家の占有物として、ただ一方的に人々の手もとに配布され伝達されうるものではありません。

しかし、不幸にしてわが国の現状では、教養の重要な養いとなるべき書物は、ほとんど講壇からの天下りや単なる解説に終始し、知識技術を真剣に希求する青少年・学生・一般民衆の根本的な疑問や興味は、けっして十分に答えられ、解きほぐされ、手引きされることがありません。万人の内奥から発した真正の教養への芽ばえが、こうして放置され、むなしく滅びさる運命にゆだねられているのです。

このことは、中・高校だけで教育をおわる人々の成長をはばんでいるだけでなく、大学に進んだり、インテリと目されたりする人々の精神力の健康さえもむしばみ、わが国の文化の実質をまことに脆弱なものにしています。単なる博識以上の根強い思索力・判断力、および確かな技術にささえられた教養を必要とする日本の将来にとって、これは真剣に憂慮されなければならない事態であるといわなければなりません。

わたしたちの「講談社現代新書」は、この事態の克服を意図して計画されたものです。これによってわたしたちは、講壇からの天下りでもなく、単なる解説書でもない、もっぱら万人の魂に生ずる初発的かつ根本的な問題をとらえ、掘り起こし、手引きし、しかも最新の知識への展望を万人に確立させる書物を、新しく世の中に送り出したいと念願しています。

わたしたちは、創業以来民衆を対象とする啓蒙の仕事に専心してきた講談社にとって、これこそもっともふさわしい課題であり、伝統ある出版社としての義務でもあると考えているのです。

一九六四年四月　野間省一